KB039039

음악치료사가 안내하는
방구석 음악여행

음악치료사가 안내하는

방구석 음악여행

곽은미 · 함예림 공저

학지사

라디오 프로그램이나 공연장에서 음악을 선곡하고 들려주는 사람을 디제이(DJ)라고 부르죠. 이 책으로 방구석 음악여행을 함께하는 동안 저희 두 음악치료사를 은디(은미 디제이), 예디(예림 디제이)라 불러 주세요.

은디의 인사말

안녕하세요. 음악치료사 곽은미입니다.

1995년 미국 유학을 시작으로 음악치료라는 한 길을 걸어온 지 30년을 바라보고 있네요. 수십 년 전 음악치료 개론서에 이런 문구가 있었던 것이 기억나요.

"앞으로 우리는 평생 '음악치료가 뭐예요?(what is music therapy?)'라는 질문을 받으면서 살게 될 것이다."

이 말처럼 지금까지도 저는 이 물음에 답하며 음악치료사로 일하고 있어요. 그만큼 음악치료는 여전히 대중이 궁금해하는 미지의 영역이지요. 많은 분이 음악치료를 그저 재미있는 음악활동 정도라고 생각하기도 하고요.

음악치료는 음악 경험을 통해 음악 외적인 영역, 즉 인지, 학습, 신체 등 여러 가지 어려움을 겪고 있는 영역에서 내담자의 발달과 유지를 돕는 연구와 증거기반의 학문입니다. 뇌질환으로 후유증이 있는 내담자의 보행을 리듬을 이용한 재활치료로 돕기도 하고, 정신역동을 이용해 내담자와 음악활동으로 치료적 관계를 맺고 심리적 치료를 하는 등 우리 삶의 질과 관련된 다양한 영역을 넘나듭니다. 음악치료학은 미국, 영국 등에서 1950년대부터 학문으로 연구되기 시작하여 현재 국내 대학기관에 3개의 학사, 14개의 석사 과정이 있을 정도로 발전해 왔습니다. 현재 국내에는 약 500여 명의 음악치료사가 있는 것으로 집계됩니다.

오천만여 명이라는 전체 인구 대비 턱없이 적은 수의 음악치료사들이 있다는 현실을 생각하면 많은 분이 음악치료를 잘 모르거나 오해하는 것도 이해가 됩니다. 음악치료사들의 공석을 채울 수 있는 방법은 없을까를 생각하던 중에 2020년 코로나 상황을 맞았습니다. 작년 제가 운영하는 음악치료실, 지역사회 커뮤니티도 부침을 겪어야 했습니다. 음악치료와 소통이 필요한 내담자(저희는 저희에게 치료받는 분들을 내담자라고 부릅니다)들이 집 밖으로 나오지 못했지요. 이 책은 이런 현실 자각에서 시작되었습니다.

음악치료는 원칙적으로 음악치료사의 진행과 감독이 필요합니다. 음악치료사는 약사처럼 내담자의 현재 상황과 상태를 고려하여 다양한 음악적인 요소를 조제하는 역할을 합니다. 어떤 영역에서든 장애가 있거나 정신건강 전문의의 도움이 필요하다면 이 책에 앞서 전문가를 먼저 찾아가실 것을 권유합니다. 하지만 경미하게 몸이 좋지 않을 때 집에서 다양한 한약재로 민간요법을 시도하는 것처럼, 일부의 음악활동은 성인 독자 여러분이 충분히 스스로 해 볼 수 있습니다. 이 책의 활동을 따라가다가 더 큰 관심이 생기면 그때 음악치료사를 찾아주서도 된답니다. 이 책은 의사의 처방 없이 살 수 있는 소화제, 감기약이자 음악치료사를 찾아가기 전 필요한 준비운동인 셈이지요. 이제 저희와 함께 방구석 음악여행을 한번 떠나 보시겠어요?

예디의 인사말

　안녕하세요. 저는 음악치료사 함예림이라고 합니다.
현재 한국에서의 음악치료는 눈에 보이는 장애나 신체적 어려움이 있
는 사람들, 특히 장애 아동들이 하는 것으로만 인식됩니다. 그러나 곽
은미 치료사님 같은 수십 년 경력의 음악치료사든, 저 같은 신입 음악
치료사든 한 가지 분명한 사실을 알고 있기에 의기투합해서 이 책을 만
들 수 있었어요. 바로 음악치료는 성별, 연령, 장애 유무와 상관없이 모
두가 할 수 있고, 모두에게 필요하다는 것입니다. 음악으로 자신을 알
아가는 여정의 경계를 넓혀 치료실 밖에서, 지역사회 커뮤니티에서, 또
한 여러분의 가정에서 할 수 있다면 모두에게 소중한 경험이 될 것이라
생각해요.

음악치료는 치료의 목적과 목표에 따라 음악치료사와 내담자가 일대일로 하기도 하고 공통점을 지닌 여러 명의 내담자와 음악치료사들이 함께 그룹을 이루어 하기도 합니다. 이 책에는 실제 현장에서 곽은미 치료사님과 제가 내담자들을 만나며 사용하는 기법들이나 학교에서 치료사로 훈련을 받으며 직접 경험했던 기법 스무 가지가 비슷한 주제로 묶여 있어요. 코로나 상황을 반영하여 집에서 혼자 할 수 있는 활동 위주로 선정한 것입니다. 따라서 이 책이 음악치료라는 분야의 대표성을 띤다고 이야기할 수는 없지만 좋은 시작이 될 순 있겠지요.

제가 영국에서 음악치료 석사과정을 마무리하던 2020년 초, 코로나19로 인한 팬데믹이 찾아왔습니다. 봉쇄령 때문에 이동 제한이 내려져 그야말로 방구석에서 몇 달을 보냈던 그때의 경험이 이 책을 완성하는 데 큰 자양분이 되어 줬네요. 음악에겐 우리에게 혼자가 아니라는 사실을 아름답고 안전한 방식으로 느끼게 해 주는 힘이 있어요. 저희 음악치료사들은 누구보다 음악의 치료적 힘을 신뢰하고 잘 사용하는 훈련을 받은 사람들이지요.

현장에서 이런 얘기를 많이 듣습니다. "저는 음악을 배운 적이 없어서 못해요." "노래를 잘하지 못해 부끄러워요." 그때마다 영국에서 음악치료 대학원 과정을 시작할 때 제 마음을 두드렸던 문구가 떠오릅니다.

"모든 사람 안에는 음악 아이(music child)가 존재한다." [1)

어머니 자궁에서부터 태아는 어머니의 목소리로 지속적인 교감을 하고, 갓 태어난 영아가 양육자와 비언어적 상호작용을 한다는 사실은 이제 많은 분이 알고 계시는 상식이 되었지요. 어른이 된 지금 많은 제약이 생겼지만, 우리는 태초에 음악성을 가지고 있었던 존재들이었어요. 이 책이 여러분 안에 잊고 있었던 음악을 즐기는 마음, 반응하려는 태도, 음악적인 요소들을 재창조하고 그것으로 즐거움을 찾는 모습을 발견하게 되는 여정이 되길 바랍니다. 저희도 끝까지 응원할게요.

차례

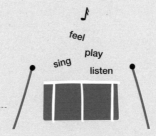

01

| 듣기 |

listening

🎵 1 세계 소리 여행

● 활동 목표 ┃ 기분 전환, 자기 탐색
● 활동 내용 ┃ 내가 좋아하는 소리 찾기
● 준 비 물 ┃ 음악 재생 기구(핸드폰, 오디오), 필기구나 컴퓨터

첫 번째 여행이네요. 가벼운 시작으로 소리에 집중해 봅시다. 소리는 음악이 되기 전 단계이자 음악을 구성하는 요소입니다. 거창하게 생각하지 않아도 된답니다. 예디는 밥 냄새와 함께 압력밥솥의 추가 마구 흔들리며 내는 소리를 좋아하고요. 이웃집에 사는 푸들 보리가 하품하면서 내는 소리, 파도 치는 소리를 닮은 악기인 오션드럼의 연주 소리를 좋아합니다. 각각 소리에는 저의 시간과 경험이 녹아 있어서 가끔은 이 소리를 들었던 장면과 분위기를 떠올리며 즐거운 상상 여행을 떠나곤 합니다. 그곳에서 듣고 싶은 소리가 있나요? 어떤 시간과 장소가 그리운가요? 예전만큼 자유롭게 여행하기 어려워진 요즘, 다양한 소리를 탐색하면서 다른 시공간으로 상상의 여행을 떠나 볼까요?

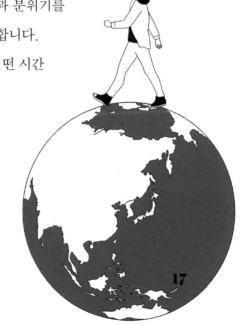

활동하기

1. 내가 좋아하는 소리가 있나요? 어떤 경험에서 만난 소리인가요?

....

....

....

....

....

....

....

2. 내가 좋아하는 소리를 녹음하거나 비디오 촬영을 할 수 있다면 모아 보세요.

3. 소리를 담을 수 있는 상황이 아니라면 인터넷에서 비슷한 소리를 찾아서 언제든지 들을 수 있도록 정리해 보세요. 각각의 소리에 제목을 붙여 주세요. 부록에 있는 나만의 선곡표에 '내가 좋아하는 자연의 소리', '내가 좋아하는 공간의 소리' 따위의 제목을 넣어 소리들을 모아 보세요.

한걸음 더

다양한 소리를 들을 수 있는 사이트나 서비스를 추천해요.

★ **라디오 가든**: 지금 당장 어느 나라에 가고 싶으신가요? 전 세계 곳곳에서 실시간으로 송출되는 라디오 방송을 들을 수 있는 서비스예요. 컴퓨터, 핸드폰으로 모두 접속이 가능해요. 그 나라의 언어와 음악을 들으며 잠시라도 여행을 간 기분을 맛보는 것도 좋겠지요.

★ **라디오 아포리**: 도시, 자연, 거리의 소리를 전 세계 지도에 모아놓은 플랫폼이에요. 관심 있는 지역을 지도에서 찾아 클릭하면 세계 곳곳의 사용자들이 보내 준 소리들을 들을 수 있어요. 내가 녹음한 소리도 등록할 수 있어요.

★ **BBC 음향 아카이브**: 영국 공영방송 BBC에서 제공하는 음향 효과 아카이브(저장소)예요. 100여 년간 축적된 3만 3000여 개의 소리를 들을 수 있습니다. 일상, 자연, 대중교통, 기계, 동물 등 다양한 카테고리로 분류된 소리를 간단한 설명과 함께 들어볼 수 있어요. 문화권이 달라서 익숙한 소리가 많지 않을 수도 있겠지만 공통점과 차이점을 찾아보며 즐겨 보세요.

정리하기

소리를 아름답게 구성하여 엮은 것을 음악이라고 합니다. 오늘 발견한 소리들을 하나씩 들어보세요. 이 소리들은 어떤 공간과 시간으로 나를 데려다주나요? 이 중에 음악으로 만들어 보고 싶은 것이 있나요?

다음 표를 하나씩 채워 보세요.

	소리 이름	소리가 나는 장소	설명
1			
2			
3			
4			
5			

♪ 2 음악 자서전

● 활동 목표 ┃ 인생 회고
● 활동 내용 ┃ 인생을 대표하는 음악 찾기
● 준 비 물 ┃ 음악, 음악 재생 기구(핸드폰, 오디오)

　얼마 전 큰 인기를 끌며 종영한 tvN 〈슬기로운 의사생활〉 시리즈를 아시나요? 극 중에서 의사 동기 5명이 밴드를 꾸려 다양한 음악을 들려 주며 많은 시청자의 사랑을 받았지요. 극의 적재적소에 주인공들의 상황에 맞는 배경음악이 나온 것도 인기의 한 요인이었어요. 음악에는 놀라운 힘이 있어서, 그것을 듣는 순간, 이와 연관된 나만의 경험, 감정, 시대의 기억을 재경험할 수 있게 해 주거든요.

　오늘은 내가 음악의 주인공이 되어 보는 시간이에요. 자서전은 작가 자신의 일생을 소재로 하여 글을 쓰는 기록이지만 오늘은 여기에 음악을 더해 나의 생애주기의 대표적인 순간들을 표현하는 음악 자서전을 만들어 봐요. 자신의 인생 한 장면에 배경음악을 넣는다면 어떤 음악이 생각나나요? 인생의 중요한 순간에서 느끼는 감정을 음악으로 표현한다면 어떤 느낌일까요? 내가 선택한 음악은 나를 보여 줄 수 있을까요?

활동하기

1. 직접 손으로 쓰고 싶다면 펜과 노트를 준비해 주세요. 만년필이나 다이어리같이 멋진 필기구를 준비해도 좋고요. 스마트폰의 메모장 어플이나 컴퓨터의 한글이나 워드 프로그램을 이용해도 좋아요. 다음 장 '정리하기'에 있는 표를 이용해 보셔도 된답니다.

2. 생애주기별 음악 자서전을 만들 때는 여러분의 현재 나이에 따라 시간의 단위가 어떻게 세분화될지 결정돼요. 중장년층이라면 탄생부터 유년기, 청소년기, 청년기, 장년기, 중년기 등으로 나눌 수 있어요. 그보다 낮은 연령이라면 더 세분화해서 5년이나 1년 단위로 자신의 인생을 나눠 보세요.

3. 세분화된 시기를 하나하나 살펴보세요. 이때 가장 많이 들었던 음악이 있나요? 이 시기에 가장 유행했던 곡은 무엇이었나요? 그 음악을 들었을 때 어떤 느낌을 받나요? 그 음악이 나의 그 시기를 대표할 수 있다고 생각하나요? 어떤 음악이 특별히 그 시절에 나에게 의미를 주었던 적이 있나요?

4. 각 시기마다 이러한 질문들에 스스로 답하며 자서전을 완성해 보세요. 나를 대표하는 가장 적절한 음악을 찾아가는 과정을 즐기세요.

여기서 잠깐!

우리의 기억엔 한계가 있어요. 인터넷 검색을 사용해 보세요. 멜론, 네이버, 유튜브(YouTube) 같은 음원 플랫폼에 가면 시대별, 연도별로 인기차트를 볼 수 있어요. 특정 연도뿐 아니라 특정 달에 유행했던 음악도, 해외 음악도 잘 정리해 놓았답니다.

한걸음 더

음악치료사 H님의 경험을 바탕으로 그림, 글과 음악이 함께 어우러지는 자서전을 만들어 봤어요.

● 유년기

담다디(이상은) | 어느 여름, 가족 휴가로 남이섬에 놀러 갔다가 때마침 열린 강변가요제를 관람하며 처음 들은 노래. 음악이 이렇게 멋진 것이라는 걸 처음 알게 해 준 계기였다.

● 청소년기

나를 돌아봐(듀스) | 듀스 김성재를 너무 좋아해서 학교 축제 때 듀스 춤을 추고, 방과 후에는 방송국 앞으로 달려가 가요톱텐 같은 프로그램에서 그들을 응원했었다. 듀스로 시작해 듀스로 끝난 나의 중학교 생활.

Superstition(스티비 원더) | 늦은 사춘기가 찾아왔다. 미래와 꿈, 실존에 대한 고민으로 CD 플레이어에 이어폰을 낀 채 그저 혼자 있는 날이 많았다. 그때 그의 음악이 나의 곁에 있어 주었다.

● 청년기

Stan(에미넴) | 에미넴의 음악이 나의 20대의 전부. 나의 막혀 있던 감정을 시원하게 분출시켜 주는 출구였다.

With or Without You(U2) | 집에서 아버지와 U2의 노래를 자주 감상하곤 했다. 그때 아버지께서 젊은 시절의 이야기를 해 주실 때가 있었는데 나는 알지 못하는 부모님의 청춘을 생각하면 기분이 새롭다.

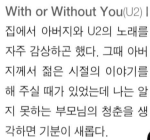

지금의 내 나이에 나와 동생의 학업을 위해 한창 열심히 일하셨던 아버지. 요즘 들어 우릴 위해 많은 걸 희생하신 부모님께 더욱더 감사하는 마음이 생긴다.

정리하기

그 달에 가장 많이 들었던 음악을 기록하고 그 음악에 대한 감정과 관련된 기억을 함께 적어 보면 어떨까요? 시간이 지나 지금의 기록을 다시 보게 된다면 지금 자서전을 만드는 이 시간에 대한 또 다른 기록과 기억이 될 거예요. 다른 누구와 이 활동을 같이 하고 있다면, 함께 음악을 들어 보며 이야기를 나눠 보세요. 동시대를 살아온 사람과는 공감을 하고, 다른 세대의 사람들과는 음악으로 서로를 알아가는 기회가 될 거예요.

● 유아기

● 유년기

● 청소년기

● 청년기

분주한 내 삶에 쉼표를!

- ● 활동 목표 ┃ 긴장 이완, 심신 안정
- ● 활동 내용 ┃ 음악에 온전히 집중하며 호흡을 조절하기
- ● 준 비 물 ┃ 음악, 음악 재생 기구(핸드폰, 오디오)

우리는 일상에서 음악을 배경음악으로 자주 사용합니다. 공부할 때, 이동할 때, 집안일을 할 때나 무료함을 달랠 때 음악을 틀어 놓곤 하지요. 오늘은 음악을 '배경'이 아닌 '전경'으로 사용해 볼 거예요. 음악을 전경으로 사용한다는 건 다른 일은 하지 않고 음악에만 온전히 집중한다는 뜻이에요. 음악을 들으며 호흡을 조절하고 몸과 마음을 이완하며 자신에게 작은 쉼을 선물해 보세요.

선곡하기

　음악을 고르는 일은 중요합니다. 긴장을 이완할 때는 빠르기나 음량이 잘 변하지 않고, 감정이나 생각을 자극하지 않도록 가사가 없는 경음악이나 외국어로 된 곡을 추천해요. 빠르기는 내가 숨 쉬는 속도보다 약간 느린 음악이 좋아요.

● **나의 호흡 속도 측정하기**(난이도 하)

　다음의 음악을 임의로 하나 골라서 들으면서 그 템포에 맞춰 호흡을 해 보세요. 평상시 자신의 호흡보다 약간 더 느리다고 느껴지나요? 그럼 활동을 이어 나가기에 알맞은 곡이에요.

각 호흡 수에 적절한 음악 선곡표

4분의 3박자			4분의 4박자		
호흡 수	BPM	노래 제목	호흡 수	BPM	노래 제목
10	60	날 구원하신 주	15	60	You Raise Me Up
11	66	아리랑	16	64	사랑의 찬가
12	72	Beautiful Dream	17	68	A Love Until the End of Time
13	78	에델바이스	18	72	Love Story
14	84	언제나 몇 번이라도 (영화 〈센과 치히로의 행방불명〉 중에서)	19	76	고향의 봄
18	108	Once Upon a Dream	20	80	When You Wish Upon a Star

● 나의 호흡 속도 측정하기(난이도 상)

이 활동에 조금 익숙하다면 좀 더 정확한 방법으로 나의 호흡 속도를 알아봅시다. 눈을 감은 채로 호흡에만 집중하며 타이머로 1분을 재 봅시다. 들숨(들이마시는 숨)과 날숨(내쉬는 숨)을 한 세트로 해서 1분간 총 몇 세트를 호흡하는지 확인해 보세요. 세 번 정도 측정하셔서 평균을 내면 자신의 분당 호흡 수가 나올 거예요.

〈분당 호흡 수 계산하기〉

	1회기	2회기	3회기	평균 호흡 수
예시	20	18	16	(20+18+16)÷3=18
1				
2				
3				
4				

나의 1분당 평균 호흡 수를 계산했다면, 음악의 분당 박자 수를 계산해 봐요. 사람마다 차이는 있지만 일반적으로 1분당 약 12에서 20세트 호흡합니다.[1] 들숨에 두 박자, 날숨에 두 박자, 즉 한 호흡에 네 박자가 필요합니다. 나의 호흡 수가 20회가 나왔다면 분당 박자 수(BPM)는 20×4=80회가 나의 평소 호흡과 일치하는 음악입니다. 내 호흡 수가 12세트

인데 4분의 3박자 음악에 맞춘다면 12×6=72회가 나올 거고요. 오늘 활동은 이완이 목적이니 그것보다 빠르기가 조금 느린 분당 68, 72, 76회의 음악이 적절합니다(4분의 4박자 기준). 빠르기가 정해졌다면 그중에서 여러분이 듣고 싶은 음악을 찾으면 됩니다. 26쪽의 QR코드와 연결된 음악(각 호흡수에 적절한 음악)에서 골라보셔도 좋아요.

여기서 잠깐! 🎼

호흡 수 측정이 어렵다면 BPM 카운터의 기능을 하는 소프트웨어나 앱(app)을 이용해 보세요. BPM은 Beats Per Minute의 약자로 분당 박자 수의 영어 표현이에요. 'BPM 탭 카운터'는 사용자가 음악을 들으면서 템포에 맞추어서 30회 정도 스위치를 톡톡 두드리면 곡의 빠르기를 계산하는 유용한 핸드폰 앱입니다.

활동하기

1. 음악을 골랐나요? 그럼 몸을 편안하게 기댈 수 있는 편안한 의자나 침대가 있는 장소로 이동해 보세요. 조명은 너무 밝지 않아야 하고, 주변 소음도 적으면 좋겠지요. 음악을 듣는 동안 어떤 방해도 받지 않도록 핸드폰도 잠시 무음으로 해 두시면 좋겠어요. 이제 음악을 틀 거예요. 전문가용 스피커도 좋지만 핸드폰도 괜찮아요. 가지고 계신 장치 중에서 듣기에 가장 좋은 음색이 있는 것을 선택하세요.

2. 편안하게 눕거나 앉아 보세요. 몸에서 불편하게 느껴지는 것이 없

도록 편안한 상태에서 두 손은 아랫배 위에 두세요. 코로 숨을 쉬고 입으로 내뱉는 복식 호흡을 할 때 배의 움직임이 느껴지도록 말이에요.

3. 음악은 10분 정도 계속 나오게 설정하세요. 3분 정도의 곡이라면 세 번 정도 반복되면 좋겠어요.

4. 이제 눈을 감아 보세요. 4분의 4박자의 곡을 골랐다면 두 박자에 한 번씩 숨을 들이쉬고(들숨) 다음 두 박자에 내쉬는 것에(날숨) 집중해 보세요. 4분의 3박자의 곡이라면 세 박자에 한 번씩 들이쉬고 세 박자에 내쉬어 보세요. 다른 생각들이 드나요? 어떤 생각이든 붙들지 말고 그냥 지나가게 두세요.

5. 호흡을 하는 동안 어딘가 몸이 불편하거나 가렵거나 움직여야 할 것처럼 느껴질지도 몰라요. 음악이 재생되는 10분간은 가급적 움직이거나 신체 부위를 만지지 말고 음악과 호흡에만 집중해 보세요.

6. 이렇게 매일 하루 10분씩 해 보는 것을 추천해요. 자신의 호흡 수와 일치되는 곡으로 시작해서 일주일 정도 해 보시고 익숙해지면 점차 더 느린 곡으로 호흡해 보세요. 처음에는 정확한 빠르기를 측정하는 것에 얽매이지 말고 음악을 들으며 호흡하는 것에 익숙해지는 게 더 중요해요.

여기서 잠깐! 🎼

호흡을 이용한 긴장 이완에 대해 더 알고 싶으시다면 켈리 맥고니걸의 저서 『왜 나는 항상 결심만 할까?』의 2장(의지력은 본능이다)을 참고해 보세요.[2]

어떤 음악을 들으면 호흡이 빨라지고, 어떤 음악은 차분함과 평온함을 느끼게 된 경험들이 있나요. 이렇게 우리 생활에서 청각과 운동이 동조화되는 현상은 쉽게 찾아볼 수 있어요. 야구장에서 나오는 음악은 보통 BPM이 115에서 125 사이라고 해요. 이 템포는 남녀의 평균 보행 수와 비슷하지요. 나중에 야구장에서 사람들을 유심히 살펴보세요. 음악의 템포에 맞춰 계단을 걷고 있지 않나요?

정리하기

_____년 _____월 _____일

오늘의 선곡 _____

활동을 하다가 가려움을 느끼고 신체의 일부가 불편하게 느껴지는 일은 명상 중에 흔히 발생하곤 합니다. 실제로 혈액순환에 어려움이 생겨서 발생하기도 하지만 대부분의 경우는 이런 무자극을 경험하지 못했던 뇌가 우리 몸에 자극을 요구하는 반응이에요. 끊임없는 자극의 홍수 속에서 사는 우리들에게 오늘의 활동은 자신을 절제하는 기술을 익히는 시간이 될 거예요. 감상을 하기 전과 후, 나에게 어떤 변화가 일어났나요? 간단히 적어 봅시다.

♪ 4 내 몸의 소리 듣기

● 활동 목표 ┃ 긴장 이완
● 활동 내용 ┃ 음악을 들으며 점진적 근육 이완 기법 적용하기
● 준 비 물 ┃ 음악, 음악 재생 기구(핸드폰, 오디오)

　　스트레스를 받으면 주먹이 쥐어지거나 어깨가 올라갑니다. 긴장이 되어 근육이 수축되는 것이지요. 오늘은 긴장한 몸을 이완하여 스트레스를 관리하는 활동을 해 볼 거예요. 에드먼드 제이콥슨(Edmund Jacobson)이 도입한 점진적 근육 이완 기법(Progressive Muscle Relaxation: PMR)을 간단히 소개할게요. 우리 몸의 근육을 열여섯 군데 근육으로 나누어서 특정 부위에 의식적으로 힘을 주고 빼는 것을 반복하는 활동이에요. 천천히 부분적으로 진행해 보면서 몸의 긴장이 풀어지는 것을 느껴 보세요. 가능하다면 이 방법을 먼저 해 보고 나중에는 일곱 군데 혹은 네 군데로 나누어서 짧게 진행하는 방법을 권해 드립니다.

여기서 잠깐! ♪

음악을 정할 때 가사가 없는 경음악이나 가사 내용이 잘 들리지 않는 외국어로 된 곡 중에 분당 70에서 80박자 사이라면 적당합니다. 26쪽의 추천 음악을 참고하세요.

활동하기

1. 몸을 편하게 해 주세요. 신발을 신고 있다면 신발을 벗고 몸을 강하게 조이고 있는 속옷이나 벨트도 되도록 풀어 주시는 것이 좋아요. 과식을 하거나 몸을 졸리게 하는 약물이나 음주 역시 삼가 주세요. 이제 편안한 곳에 몸을 기대앉고 음악을 재생해 보세요(누워서 할 수도 있지만 실제 점진적 근육 이완 기법은 거의 앉아서 진행해요). 핸드폰을 이용해 음악을 듣는다면 전화나 메시지가 자신을 방해하지 못하게 비행기 모드로 바꿔 두는 것도 좋을 거예요.

2. 활동은 근육을 긴장시키는 것과 이완시키는 두 가지 동작이 있습니다. 편안하게 자세를 잡고 눈을 감고 음악의 속도에 맞추어 서너 번 호흡합니다.

3. 34쪽의 QR코드와 연결된 재생목록에서 세 가지 방법(16개 근육, 7개 근육, 4개 근육) 중 하나를 선택하세요. 치료사의 목소리를 들으며 활동을 할 수 있어요. 순서와 호흡에 익숙해진다면 자신만의 속도로 차분히 진행하세요. 부록에 있는 점진적 근육 이완 기법 스크립트를 참고하세요.

4. 한 근육 그룹에서 긴장과 이완되는 과정을 2회 반복하고 긴장시킬 때는 점차 긴장의 강도를 높이되 무리가 가지 않게 긴장을 유지하세요. 긴장을 최대한 유지한 다음 한꺼번에 이완해 보세요. 필요하다면 한 근육 그룹이 끝나고 다음 근육 그룹으로 진행하시기 전에 자기 호흡에만 집중하는 시간을 가져도 됩니다. 긴장이 되었을 때 근육의 상태와 이완되었을 때 근육의 상태를 기억하면 더

효과적인 활동을 할 수 있어요. 보통 긴장은 8초에서 10초 유지, 이완은 16초에서 20초 사이로 긴장보다 이완을 2배 길게 하는 것이 적당합니다.

| 점진적 근육 이완 기법 |

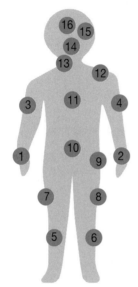

1. 16개 근육으로 나누는 방법(8분 소요)

1. 오른팔 아래쪽 2. 왼팔 아래쪽
3. 오른팔 위쪽 4. 왼팔 위쪽
5. 오른쪽 다리 아래쪽 6. 왼쪽 다리 아래쪽
7. 오른쪽 다리 허벅지 근육
8. 왼쪽 다리 허벅지 근육 9. 엉덩이 근육
10. 배 근육 11. 가슴 근육
12. 어깨, 등 근육 13. 목 근육
14. 입 15. 눈
16. 이마

2. 7개 근육 그룹(6분 소요)

1. 오른팔 2. 왼팔
3. 얼굴 4. 목 5. 가슴과 어깨
6. 오른쪽 다리 7. 왼쪽 다리

3. 4개 근육 그룹(4분 소요)

1. 하지 그룹
2. 배와 가슴
3. 팔, 어깨, 목
4. 얼굴

한걸음 더

19세기 미국의 심리학자 윌리엄 제임스(William James)와 칼 랑게 (Karl Lange)가 제안한 제임스-랑게 이론(James-Lange Theory)에 따르면 인간은 신체적 변화가 먼저 일어나고 이를 지각할 때 정서적 반응을 경험한다고 합니다. 이 이론을 믿는 사람들은 웃다 보니 즐거워진다거나 음식을 먹다가 목이 막힐 때 갑자기 서럽거나 울컥한 감정이 생긴다고 주장합니다. 제임스-랑게 이론이 나온 지 60년이 지난 지금까지 갑론을박이 있어요. 신체와 감정의 반응은 원인과 결과를 따지기 어려울 정도로 긴밀히 연결되어 있는 복잡하고 다면적인 현상이기 때문이에요.

정리하기

_____년 _____월 _____일

오늘의 선곡 _____

　오늘은 내 몸의 어떤 소리를 들었나요? 꾸준히 하다 보면 평소 내 몸의 어떤 부분이 긴장하는지 알 수 있을 거예요. 의식적으로 긴장과 이완 연습을 하며 내 몸의 소리를 들어보세요. 사람마다 다르지만 우리는 흔히 어깨, 가슴, 배 부분에 통증이나 답답함을 느낍니다. 점진적 이완 기법으로 몸이 나에게 하는 소리에 좀 더 적극적으로 반응해 줄 수 있다면 긴장과 스트레스가 몸에 크게 쌓이기 전에 예방할 수 있을 거예요. 오늘 활동을 하고 난 뒤의 자신의 느낌이나 생각을 자유롭게 적어 보세요.

....

....

....

....

....

....

....

5 심상적 듣기 1

- **활동 목표** | 심상적 듣기
- **활동 내용** | 음악을 들으면서 음악이 주는 시각적 이미지를 연상하기
- **준 비 물** | 음악, 음악 재생 기구(핸드폰, 오디오)

　음악치료에서 심상적 듣기(Imaginal Listening)[3]는 특별한 의식 상태에 있을 때 심상적 과정 또는 내적 경험을 깨닫기 위해 음악을 듣는 것을 말해요. 심상(心像)을 이용하면 자신이 생각할 때 가장 편안한 장소를 연상하면서 몸의 긴장을 느끼고 이완할 수 있어요. 직접 그 장소에 가지 않아도 자신이 가장 행복하고 편안했던 때를 '재경험'하여 그때의 감정과 신체적 이완을 경험하는 것이지요. 의식적으로 특정 장면을 연상하기만 해도 청각, 운동 피질뿐 아니라 선택과 계획에 관여하는 전두엽 피질도 왕성하게 활동한다는 뇌 연구는 심상적 듣기의 효과를 뒷받침해 주지요.[4]

　20세기 초 프랑스의 자기암시요법의 창시자인 에밀 쿠에(Emile Coue)[5]는 "상상은 언제나 의지를 이긴다."라고 말했죠. 그는 자기암시가 일으킨 상상은 의지보다 강력한 힘을 발휘한다고 믿었어요. 정신과 육체를 변화시킬 정도로 말이에요. 오늘 우리도 상상의 힘을 경험해 보면 좋겠네요.

37

활동하기

1. 몸을 편안하게 기댈 수 있는 편안한 의자나 침대가 있는 장소로 이동해 보세요. 조명은 은은하게, 주변 소음도 적으면 좋겠지요. 음악을 듣고 고르는 동안 어떤 방해도 받지 않도록 핸드폰도 잠시 무음으로 해 두시면 좋겠어요. 가지고 계신 장치 중에서 듣기에 가장 좋은 음색이 있는 음악 재생 기구를 준비해 주세요. 전문가용 스피커도 좋고 핸드폰도 괜찮아요.

2. 편안하게 눕거나 앉아 보세요. 몸에서 불편하게 느껴지는 것이 없도록 편안한 상태에서 두 손은 아랫배 위에 두세요.

3. 음악을 고르는 일에 많은 시간이 필요할지도 몰라요. 다양한 음악을 들으면서 어떤 장면이 떠오르는지, 내가 원하는 분위기를 만들어 주는지 살펴봐야 하거든요.

4. 자신이 가장 편안하다고 생각하는 장소나 장면을 떠올려 보세요. 파도가 잔잔하게 치는 바닷가, 햇살이 내리쬐는 곳이나 푹신한 의자가 있는 작고 아늑한 카페 어느 곳도 괜찮아요. 이 장소와 연결되는 음악이 있나요?

5. 그 음악을 자신이 좋아하는 가수, 작곡가나 연주자 또는 특정 음색의 악기로 연주한 곡이 있나요? 그렇다면 그 취향과 선호에서부터 선곡을 시작해 보세요. 이 방법은 음악치료사들도 자주 사용하는 방법이에요. 듣는 사람이 좋아하고 편하게 느끼는 음악이 음악치료임상에서도 가장 효과적이라는 말도 있답니다.[6] 곡 이름과 전체 앨범의 콘셉트나 분위기와 같은 곡에 대한 정보를 더 알아보세요.

고른 음악을 들어보면서 빠르기, 세기나 분위기의 변화가 심하지 않은지 살펴보세요. 음악 10곡 정도를 정했다면 처음 몇 소절을 들으며 템포에 맞추어 호흡을 하면서 곡의 분위기를 느껴 보세요. 전체를 들어보고 싶은 오늘의 음악을 한두 곡 정해 보세요.

한걸음 더

은디가 오늘 활동을 하며 찾은 음악이에요. 개인의 취향과 경험이 반영되었기에 여러분은 다르게 느낄 수도 있지만 참고해 보세요.

호숫가의 맑은 물이 그려지는 곡

★ **유키 구라모토, 레이크 루이스(Lake Louise), Misty Lake Louise(2019) 앨범 중에서:** 작곡가 유키 구라모토가 캐나다 앨버타주의 밴프 국립공원 로키 산맥(Rocky Mts.)에 위치한 루이스호에 영감을 받아 만든 곡

★ **브라이언 크레인(Brian Crain), Northern Lights, Tribute(2007) 앨범 중에서:** 한국인이 사랑하는 뉴에이지 작곡가 브라이언 크레인의 대표곡 중 하나. 비교적 단순하고 반복된 구성에 신디사이즈 연주를 더해 신비하고 몽환적인 북극성의 느낌을 자아내는 곡

★ **브라이 크레인(Brian Crain), A Walk in The Forest, Tribute(2007) 앨범 중에서:** CF 배경음악으로 자주 등장한 브라이언 크레인의 가장 유명한 곡 중 하나. 반복되는 멜로디 라인을 청아한 피아노 음색으로 들으며 마치 숲 속을 산책하는 기분이 들게 하는 곡

정리하기

_____년 _____월 _____일

오늘의 선곡 _____

　오늘은 어떤 장소를 연상했나요? _____

　그 장소에 대한 여러분의 느낌은 어떠했나요? 그림으로 그려 보아도 좋고
자유롭게 느낌이나 생각을 써 봐도 좋아요.

　다양한 음악을 듣다 보면 의도치 않게 특정 장면이나 추억을 연상하게 하는
음악을 만날지도 몰라요. 떠오르는 감정대로 분류해서 자신만의 다양한 레퍼토
리를 만들어 보세요. 선곡표에 대한 더 자세한 활동은 다음 장을 참조하세요.

♪ 6 나의 음악 보석함

● 활동 목표 ┃ 자기 발견
● 활동 내용 ┃ 오직 나를 위한 선곡표 만들기
● 준 비 물 ┃ 음악, 음악 재생 기구(핸드폰, 오디오), 부록의 선곡표

그날의 자신의 기분, 상황, 날씨를 반영하는 음악들이 있어요. 세상에는 무수히 많은 음악이 존재하기에 나에게 맞는 음악을 발견하고 선곡하는 작업은 아마 우리가 평생에 걸쳐 하게 될 거예요. 구슬도 꿰어야 보배라는 말이 있듯이 나의 기록을 오래 잘 기억할 수 있는 방법이 좋겠지요. 내가 좋아하고 듣고 싶은 노래를 주제별로 잘 꿰어 정리하는 방법을 소개합니다. 음악을 들을 때뿐 아니라 선곡표를 하나씩 만드는 과정도 보석처럼 값진 경험이 될 거예요.

활동하기

1. 나에게 맞는 선곡표의 주제를 정해 보세요. 기분에 따라 우울할 때, 기분 좋을 때, 슬플 때 듣는 음악도 좋고, 해야 할 일이 많은데 속도가 잘 나지 않을 때 경쾌한 음악 위주로 선곡해 보기도 하고 요. 비나 눈이 올 때, 날씨가 화창할 때 등등 날씨에 따라 듣는 음 악도 다를 수 있겠죠. 그 외에도 자신이 유독 음악을 더 듣고 싶을 때가 있나요?

2. 주제를 하나 정했나요? 우선 자신이 좋아하는 가수, 작곡가나 연주 자의 음악이나 좋아하는 음색의 악기로 연주하는 음악을 듣기 시작 해 보세요. 이 중에 마음에 드는 곡을 부록의 선곡표에 하나씩 적어 보세요. 유튜브(Youtube)의 저장 버튼을 눌러 재생목록 보관함에 저장하는 방법도 있어요.

여기서 잠깐! 𝄞

자신이 좋아하는 라디오 프로그램이나 팟캐스트의 음악 선곡표를 이용하는 것도 좋 은 방법이에요. 프로그램의 주 청취자의 연령과 취향 등이 비슷한 경우가 많기 때문 에 자신이 선호하는 음악을 듣게 될 확률이 높아요. 시간(출퇴근 시간대)이나 시기상 분위기(명절이나 휴일) 등을 반영해 음악을 틀어 주기도 하고요. 큐레이션 서비스는 개인의 취향을 분석해 적절한 정보를 추천해 주는 서비스예요. 스포티파이(Sportify) 로 사용자의 음악 취향을 분석해 비슷한 음악을 추천받거나 유튜브에 '공부할 때', '와인 마실 때' 혹은 '따뜻한', '바다', '시냇물', '편안한' 등의 키워드와 '음악'을 함께 넣어서 검색하면 음악과 영상을 함께 즐길 수 있답니다.

은디의 선곡표 ››› 나를 응원하는 음악

선곡표의 음악은 순서와 관계없이 듣기도 하지만, 어떤 주제는 특정 분위기에서 다른 분위기로 이동하도록 만들 수도 있어요. 아무것도 하기 싫을 때, 외롭다고 느껴질 때, 나를 응원하는 사람들이 있다고 느끼고 싶을 때 저는 이 음악들을 순서대로 들어요. 템포가 상대적으로 느린 곡(혼자라고 생각 말기)에서 좋아하는 크리스마스를 떠올리며 점점 빨라집니다. 한 걸음, 한 걸음 더 걸으며 자신을 활기차게 밀어 주려고 하지요. 아직 그럴 기운이 없다면 첫 번째 곡을 무한 반복하다가 점차 빠른 템포의 음악을 들으며 말도 안 되는 춤도 춰 봅니다. 그리고 마지막 Happiness까지 듣고서야 일을 시작한답니다. 윤상의 노래 가사처럼 한 걸음 더 천천히 간다 해도 그리 늦는 것은 아니니까요.

| 김보경 | 혼자라고 생각 말기, 학교 2013(KBS 2TV 월화드라마) OST Part 3 중에서

| 마이클 부블레(Michael Buble) | Winter Wonderland, Christmas Deluxe Special Edition(2019) 앨범 중에서

| 윤 상 | 한 걸음 더, YOONSANG(1990) 앨범 중에서

| 케니 지(Kenny G) | Peruvian Nights, Rhythm & Romance(2008) 앨범 중에서

| 이슬기 | Happiness, In The Green Cafe(2006) 앨범 중에서

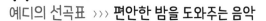

예디의 선곡표 >>> **편안한 밤을 도와주는 음악**

잠을 잘 자는 일. 한 살 한 살 나이를 먹을수록 쉬운 일이 아
닌 것 같아요. 생각보다 많은 분이 숙면을 취하지 못하는 것
에 대해 괴로움을 토로합니다. 그만큼 우리를 짓누르는 많은 일, 생각과
감정이 많은 것이겠지요. 하루의 고단함과 분주함을 잠시 내려놓고 편
안한 밤을 보낼 수 있도록 도와주는 음악을 모아 봤어요. 몸의 이완을 도
와주고 복잡한 생각을 더하지 않기 위해 외국어 가사나 경음악을 듣는
게 좋답니다.

ㅣ 피터 홀런스(Peter Hollens) ㅣ 로몬드호(Loch Lomond)

ㅣ 바흐(Bach.J) ㅣ Bach: The Well-Tempered Clavier: Book 1, 1.Prelude C
    Major, BWV 846

ㅣ 요요마(Yo-Yo Ma) / 캐스린 스탓(Kathryn Stott) ㅣ Lullaby:
    J. Brahms, Sony Music Entertainment(2015) 앨범
    중에서

정리하기

　부록의 선곡표를 하나씩 채워 보았나요? 어느 정도 음악을 찾았다면 오늘의 활동을 정리하고 나중에 찾기 쉬운 곳에 보관하세요. 언제, 어디서든 좋아하는 음악을 찾는다면 바로 선곡표에 추가하면 좋겠죠? 은디와 예디처럼 완성된 선곡표를 주변 사람들과 공유해 보세요. 그 사람에 대해 더 깊이 알아가는 좋은 기회가 될 거예요.

연주하기

playing

7 ♪ 반려악기 찾기

● 활동 목표 ┃ 자기효능감, 내적 동기 찾기, 뇌 자극
● 활동 내용 ┃ 평생의 친구가 되어 줄 악기 탐색
● 준 비 물 ┃ 연주하고 싶은 악기, 꾸준한 마음

　어떤 악기를 연주하세요? 이 책을 읽고 계시는 분들이라면 음악에 대한 관심이 어느 정도 있을 거예요. 그렇지만 이 질문에 자신 있게 대답하는 분들은 많지 않을 거라고 생각해요. 세상에는 다양한 악기가 있고 하나의 악기를 일정 수준으로 연주하기 위해서 많은 노력과 시간이 필요하거든요. 요즘 '반려악기'¹⁾라는 신조어가 생길 정도로 우쿨렐레, 칼림바 등 늘 곁에 두고 연주할 수 있는 악기를 연습하는 사람들이 늘어나고 있어요. 강아지나 고양이를 가족처럼 여기며 함께 사는 것처럼 악기도 평생의 친구처럼 여기는 문화가 생긴 것 같아요. 악기를 꼭 최고 연주자처럼 다뤄야 가치가 있는 게 아니에요. 큰 무대 위에서 많은 사람에게 박수를 받는 연주만이 의미 있는 것도 아닙니다. 바쁜 일상을 쪼개서 연습을 하면서 나만을 위한 시간을 갖는 것, 작은 계획을 꾸준히 실천하며 자기효능감을 키우는 것, 주변 사람들에게 혹은 같은 취미를 공유하는 사람들과 악기와 음악에 대한 이야기를 나누는 것 모두 악기 연주를 취미로 두면 일어날 수 있는 놀라운 일들입니다.

활동하기

1. 평소 자신이 연주해 보고 싶은 악기가 뚜렷하게 있었다면 망설이지
   마세요. 아직 어떤 악기를 좋아하는지, 어떤 악기를 꾸준히 연주할
   수 있을지 모르는 분들도 있을 거예요. 악기의 소리는 물론 외형도
   나에게 잘 맞아야 꾸준히 할 수 있으니 한번 살펴보세요. 1인 1악기
   의 시작은 내가 좋아하는 악기를 찾아보는 거랍니다.

2. 되도록 악기 가게나 공연장을 직접 방문해서 실제 악기가 연주되
   는 모습을 보는 것을 추천해요. 화면을 통해서 보는 것과는 또 다
   르거든요. 악기의 부피감, 진동, 음색, 촉감, 심지어 냄새까지 여
   러분의 선호를 찾아서 직접 확인해 보고 결정해 보세요.

3. 악기를 구매하면 좋겠지만 처음에는 대여하는 방법도 추천해요. '서울시 악기나눔사업'의 일환으로 기증받은 악기를 저렴하게 대여해 주는 프로그램도 있답니다. QR코드와 연결된 서울생활문화센터 낙원점 홈페이지를 참조하세요. 가격도 부담되지만 브랜드나 악기의 부속품에 따라 음색이 변하는 악기들이 있어요. 악기에 대한 이해가 전혀 없는 상태에서 판매자의 말만 믿고 구매하는 건 한 번 더 생각해 주세요. 더욱이 첫 악기를 온라인으로 구매하는 건 추천하지 않아요.

4. 악기 수업을 받기로 결정하셨다고요? 개인적인 경험으로 봤을 때 레슨 장소는 접근성이 참 중요해요. 바쁜 일상 속에 취미로 하는 일에까지 의지력을 발휘하기는 매우 어렵거든요. 악기 수업이 나의 일상 반경 안에 있다면 지켜낼 확률이 높아집니다.

여기서 잠깐! 🎼

안드라고지(andragogy)라고 불리는 성인 악기교육 개념은 아동의 악기교육인 페다고지(pedagogy)와는 구별된 점이 있어요. 기초부터 차근차근 진행하는 아동 음악교육에 비해 학습자가 배우고 싶은 곡과 방법을 제시하면 그것에 필요한 기술 등을 습득하는 방식으로 이루어집니다. 그렇기에 교육자와 학습자 간의 관계와 소통이 매우 중요하지요. 자신과 잘 맞는 선생님을 찾을 때까지 몇 번의 시행착오가 있을 수도 있어요.

5. 꾸준히 연습하는 거 말고는 더 이상 방도가 없어요. 우리의 뇌와 손은 새로 만난 이 악기에 아직 적응이 되어 있지 않거든요. 매일 연습으로 손과 뇌를 훈련하세요. 길지 않은 시간이어도 괜찮아요. 꼭 해야만 하는 나의 하루 일상 전후로 연습을 넣어 보세요. 이를테면 저녁을 먹자마자 5분 연습하기? 주말 아침 30분 연습하기는 어떤가요?

음악을 연주하는 행위는 악보를 눈으로 보고, 소리를 듣고, 내가 내는 소리가 내가 원하는 소리인지 판단하고 다음 소절을 생각하고, 그것들을 감정과 연결하여 섬세하게 연주하는 복잡하고도 고도의 집중을 요하는 작업이에요. 실제로 음악활동과 연관된 뇌 연구를 보면 음악을 감상할 때보다 음악을 만들어 내는 적극적인 행동을 할 때 훨씬 복합적인 뇌의 활동이 일어난다는 것을 알 수 있어요. 다음 그림을 보세요. 몸의 움직임을 관장하는 뇌의 운동피질은 우리 몸의 비율과는 매우 달라서 손과 얼굴이 각각 전체 운동피질의 약 3분의 1이고 나머지 신체 부위의 영역이 3분의 1을 차지해요. 손가락을 움직이며 피아노를 연주한다면 운동피질의 3분의 1을 자극하는 것이라 할 수 있지요.[2]

한 연구자는 뇌는 오케스트라와 같아서 음악을 들을 때 화음은 언어의 문법을 처리하는 뇌 부위인 브로카 영역에서, 리듬은 전운동피질, 대뇌기저핵 및 소뇌가 관여한다고 해요. 뇌의 각 부분이 자신의 각자의 역할을 분담해서 음악에 대한 정보를 처리하고 그것들이 모두 합해져서 하나의 음악이 되는 것이지요.[3] 뿐만 아니라 음악 활동에 적극 참여하면 뇌의 여러 부위가 자극을 받아 활발하게 발달합니다.[4] fMRI와 PET 스캐너를 통해 두뇌의 움직임을 연구한 결과 악기를 연주하면 시각, 청각과 운동피질 모두 활발한 활동을 한다고 합니다.[5]

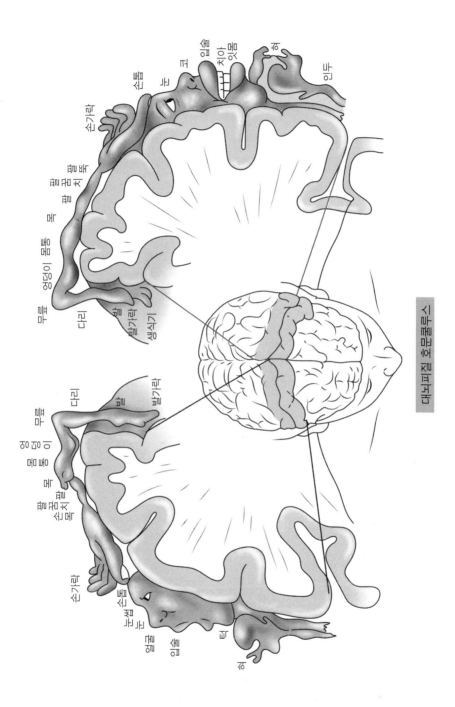

대뇌피질 호문쿨루스

정리하기

반려악기를 결정하셨나요? 오늘의 연습은 어땠나요? 새로운 악기를 배우는 과정이 마냥 즐겁기만 한 것은 아니에요. 우리가 이제까지 접했던 전문가들의 음악과 내가 만들어 내는 음악엔 차이가 있어요. 특정 수준에 도달하기까지 연습을 반복하고 인내하는 과정은 좌절감을 안겨 주기도 하지요. 그러나 악기 연주만큼 노력하면 그만큼의 성취감을 맛볼 수 있는 취미도 드물어요. 이러한 성취감과 성공감은 타인의 칭찬이나 사회에서 주는 물질적 보상과는 달라요. 인본주의 심리학자들은 이를 내적 동기라고 불렀어요. 내적 동기란 어떤 과제를 수행하는 데 있어서 외부 보상이 없어도 흥미, 성취감 자체가 보상으로 작용하는 것을 말합니다.[6]

오늘의 활동처럼 매일 조금씩 연주하는 일에 즐거움을 느끼고, 꾸준히 연습 계획을 이루어 나아가거나 한 곡을 완수했을 때 느끼는 성공감이 모두 내적 동기에 해당돼요. 이는 캐나다의 심리학자 알버트 밴듀라(Albert Bandura)[7] 가 소개한 자기효능감 개념과도 연결됩니다. 자기효능감이 높은 사람은 과제수행능력에 대한 스스로의 기대와 신념이 높아요. 완벽하지 않아도 괜찮아요. 그냥 하는 것도 큰 성취이지요. 무리하지 않은 범위에서 세운 계획들을 매일 이루어 갈 때의 성취감, 그것을 수행하는 자신에 대한 믿음을 경험해 보세요.

♪ 8 나도 작곡가

- ● 활동 목표 ┃ 표현력 기르기, 자기 인식, 자기 실현
- ● 활동 내용 ┃ 한 대상으로부터 영감을 받아 자신의 느낌을 가사가 없는
  경음악으로 표현해보기
- ● 준 비 물 ┃ 내가 연주하기 편한 악기

  창작의 욕구는 인간 누구에게나 있는 본능이라고 합니다. 작곡은 전문가들만 할 수 있는 것 같지만 음악을 배우지 않아도, 악보를 읽거나 그릴 수 없어도 음악을 만들 수 있어요. 우리 주변의 일들을 보고, 듣고, 들을 수 있는 마음만 있다면요. 내가 느낀 것에 강약을 더하고 음높이를 만들며 내가 느낀 것을 듣는 사람도 느낄 수 있게 음악을 만드는 과정이 작곡이랍니다. 오늘 활동을 통해서 어렵게만 생각했던 작곡을 비교적 손쉽게 시작해 봅시다. 음악은 기본적으로 리듬, 선율(멜로디)과 화성(하모니, harmony)으로 이루어져 있어요. 세 가지가 어떻게 조합이 되느냐에 따라 각기 다른 음악이 만들어집니다. 언어에 얽매이지 않고 음악의 느낌에 집중할 수 있는 경음악부터 시작해 볼까요?

활동하기

1. 어떤 걸 표현하고 싶나요? 대상을 정했다면 그것의 색감, 소리, 냄새, 촉감, 맛을 상상해 봐요.

2. 곡의 빠르기와 분위기를 상상해 봐요. 자신이 표현하고자 하는 대상은 어떤 빠르기를 가지고 있나요? 빠른가요, 느린가요? 일정하고 반복적인 리듬을 가지고 있나요? 아니면 변화의 폭이 넓나요?

3. 앞의 질문들을 바탕으로 대상의 고유한 리듬을 어떻게 음악으로 표현할지 생각해 봅시다. 리듬 자체만으로 표현할 수 있나요? 선율의 높낮이와 함께 표현할 때 더 좋은 효과가 있을 때가 많아요. 음높이의 변화를 어떻게 이용할 건가요? 낮은음에서 높은음으로 점점 상승하면 어떤 효과가 있을까요? 상승을 천천히 또는 빠르게 하는 것도 다른 분위기를 만듭니다.

4. 이제 어떤 악기가 좋을지 골라 봅시다. 제일 추천하는 건 내가 가장 편하게 연주할 수 있는 악기예요. 우리집 부엌에서 손쉽게 악기를 찾아낼 수도 있어요(61쪽 참조). 나와 가장 친한 악기를 아직 만나지 못했다면 우선 고개를 까딱이거나 손바닥으로 무릎을 두드려 리듬을 만들고 콧노래를 흥얼거리는 것도 괜찮아요. 누구에게 보여 주고, 들려 주기 위한 음악이 아니라 나에 의한, 나를 위한, 나만의 음악이라는 것을 기억하세요.

5. 꼭 악보를 만들지 않아도 괜찮아요. 대신 다음에도 기억하기 위해서 녹음을 하면 좋겠어요. 녹음 후에 듣기를 반복하면서 괜찮았던 부분을 골라 보세요. 다시 들으면서 내가 상상했던 음악의 느낌과

비슷한지, 곡의 템포, 리듬, 선율 등 어떤 부분을 더 고쳐 나가면 좋을지 생각해 보세요.

여기서 잠깐! 🎼

표제음악[8]이란?

자연물이나 어떤 장면처럼 구체적인 주제 또는 어떤 이야기, 심리, 사상처럼 추상적인 주제를 묘사하는 음악을 말해요. 교향곡, 소나타, 협주곡 등의 기악곡처럼 순수한 음의 형식이 내용이 되는 절대음악과는 반대되는 개념이지요. 작곡자가 어떤 것에서 영감을 받아 만든 다양한 표제음악을 들어보세요.

★브라이언 크레인(Brian Crain)의 "Butterfly Waltz": 제목 그대로 나비의 움직임을 떠올리며 감상해 보세요.

★구스타브 홀스트(Gustav Holst)의 관현악 '행성' 모음곡 중 '화성'(Mars, 전쟁을 가져오는 자)과 '목성'(Jupiter, 즐거움을 가져오는 자)을 번갈아 들어봅시다. 행성들의 특징에 관심이 많았던 영국의 작곡가 홀스트는 일곱 개의 각기 다른 테마와 연주를 작곡했어요. 화성은 전쟁을 연상하는 강하고 세찬 느낌을, 목성은 현악기와 금관악기의 화려하면서 위엄 있는 느낌을 줍니다.

★고양이 이중창(Duetto Buffo di Due Gatti), 조아키노 로시니(G. Rossini) | 두 명의 소프라노가 고양이의 울음 소리를 묘사해요.

★빗방울 전주곡(Prelude in D flat major Op. 28 No. 15, 쇼팽(Chopin) | 되풀이해서 연주되는 A플랫의 반주가 비가 내리는 소리를 연상시킨다고 해서 '빗방울'이라는 부제가 붙었어요.

한걸음 더

조금 더 작곡을 경험해 보고 싶은 분들은 다음 정보를 참고하세요.

★ **개러지 밴드(GarageBand):** 애플에서 제작하여 맥 OS와 iOS 사용자에게 무료로 제공하는 음악 소프트웨어입니다. 기본적인 악기 소리뿐만 아니라 피아노 코드나 퍼커션 샘플러 기능도 사용할 수 있어 비교적 쉽고 재미있게 음악을 만들 수 있어요.

★ **뮤즈스코어(MuseScore):** 음악을 기록하기 위해 '활동하기'에서 녹음 기능을 사용했지만 여건이 된다면 악보화하는 작업까지 해 보세요. 음악대학 재학생 또는 실용음악 학원의 도움을 받으시는 방법도 있고, 악보를 만들어 재생, 녹음, 편집까지 할 수 있는 소프트웨어를 이용할 수도 있답니다. 뮤즈스코어는 윈도우, 맥에서 모두 사용할 수 있는 악보 제작 프로그램입니다. 무료로 사용이 가능해요.

★ **뮤직랩(https://musiclab.chromeexperiments.com):** 아이들과 함께 음악을 만들어 볼 수 있는 사이트입니다. 직관적인 이미지와 디자인으로 만들어져 있어 마치 게임을 하는 것처럼 마우스로 음악을 만들 수 있어요.

정리하기

  음악을 직접 만들어 보니 기분이 어땠나요? 처음이라면 쉽지 않았을 거예요. 완벽한(perfect) 음악보다 충분히 훌륭한(good enough) 창작물을 만드는 한 걸음을 내딛었다고 생각해 보세요. 이 어려운 걸 시도한 여러분에게 박수를 보낼게요. 자식이 유치원에서 색종이를 오리고 삐뚤삐뚤 글씨를 써서 가져온 완성품을 벽에 걸어 놓는 부모의 마음은 어떨까요? 그것이 미적으로 뛰어나서가 아닐 거예요. 자신 안의 어린아이에게 격려를 보내 주세요. 충분히 훌륭했고 잘해냈다고 자신을 칭찬해 주세요.

● 오늘 만든 음악에 제목을 붙여 보세요.

....

....

●언제 이 음악을 다시 듣고 싶나요?

....

....

●혹시 내 음악을 들려주고 싶은 사람이 있다면 누구인가요? 왜 그렇다고 생각했나요?

....

....

♪ 9 방구석 드러머

● 활동 목표 | 안정감과 편안함, 에너지 자극
● 활동 내용 | 우리 집 부엌에서 쉽게 찾아볼 수 있는 도구들로 음악에 맞추어 신나게 연주하기
● 준 비 물 | 각종 스테인리스 냄비 및 그릇, 플라스틱 락앤락 통, 젓가락 등 다양한 부엌 기물

타악기는 손으로 직접 두드리거나 채, 말렛 등으로 소리를 내어 리듬을 만드는 악기를 말합니다. 동물의 뼈를 부딪히거나 나무판을 두드리는 형태가 최초의 타악기였을 거란 기록이 있어요.[9] 그만큼 우리 생활과 가장 밀접하고 소리내기 쉬운 악기 종류이지요. 심장 박동, 걸음걸이, 국가대표 축구 응원을 할 때 박수와 함께 외치는 "대~한민국", 추억의 엿장수 가위질 소리들을 한번 떠올려 보세요. 각자의 고유한 리듬은 다양한 분위기와 정서를 만든답니다.

오늘은 익숙하고 쉽게 연주할 수 있는 타악기를 가지고 리듬을 만들며 놀아 볼 거예요. 마땅한 타악기가 없으시다고요? 그렇지 않아요. 지금부터 부엌으로 가 보는 거예요. 훌륭한 타악기가 될 만한 것들이 참 많답니다.

1. 부엌을 둘러보세요. 스테인리스 냄비와 뚜껑, 플라스틱 바가지, 잘 깨지지 않는 사발 따위가 있나요? 뒤집어 놓고 바닥 부분을 나무나 쇠젓가락으로 두드려 보세요. 크기와 소재에 따라 다른 음색의 소리가 납니다. 어떤 소리가 마음에 드나요? 어떤 소리가 듣기 좋나요?

2. 스테인리스 프라이팬 또는 냄비 뚜껑의 손잡이를 잡고 나무젓가락 등으로 두드려 보세요. 모양뿐 아니라 소리도 심벌즈(cymbals) 같지 않나요?

3. 작은 타악기, 마라카스를 만들어 봅시다. 흔히 반찬 용기로 쓰는 플라스틱으로 된 작은 락앤락 통이 있나요? 깨끗이 씻어 말린 통에 여러 가지 콩, 쌀, 팥 따위의 곡물들을 한 줌 정도 넣어 보세요. 뚜껑을 닫고 신나게 흔들어 보세요. 일정한 박자에 맞춰 흔들어도 되고 온 힘을 다해 격렬하게 흔들어도 보아도 됩니다. 집어넣은 곡

물의 종류와 양에 따라 다양한 소리가 납니다.

4. 평평하지 않고 굴곡이 있는 조리도구들을 찾아보세요. 그릴 팬, 오븐에 넣는 철판, 스테인리스 뒤집개, 강판이나 레몬즙 짜개 등 주변을 살펴보면 참 많아요. 나무젓가락이나 나무 주걱으로 굴곡 부분을 신나게 긁어 보세요. '드르륵 드르륵', 도구의 형태와 크기에 따라 다른 리듬이 만들어집니다.

5. 지금까지 부엌에서 찾은 타악기들 중에 가장 마음에 드는 것들을 한데 모아 보세요. 비슷비슷한 것들보다는 소리와 크기가 다른 것들을 배치하면 더 다채로운 연주를 할 수 있어요.

6. 마음 가는 대로 연주하는 것도 물론 좋지만 기본 리듬을 익히는 것도 좋겠지요. 비트(beat)는 가장 기본 단위의 리듬이에요. 4비트는 4분의 4박자 기준으로 한 마디에 4분 음표를 4번, 8비트는 8분 음표 8번, 16비트는 16분 음표 16번을 연주합니다. 같은 템포의 음악을 연주하더라도 몇 비트로 연주하느냐에 따라 다른 느낌이 날 거예요. 이제 세 가지 서로 다른 주방 악기를 정했나요? 예디는 스테인리스로 만든 냄비 뚜껑 하나, 콩과 쌀을 작은 병에 한 줌 넣은 마라카스, 튼튼한 플라스틱 양동이를 발로 찰 수 있게 고정해 봤어요. 다음 악보를 보고 4비트, 8비트를 섞은 기본 박자를 연습해 보세요. 더 다양한 리듬 연습은 다음 10장에서 은디와 함께 연습해 보세요.

① 4비트 연습하기

드럼에서 가장 기본이 되는 하이햇 심벌즈 대신 냄비 뚜껑을 젓가락으로 연주합니다. 빨라지거나 느려지지 않고 일정하게 두드릴 수 있도록 반복해 봅니다.

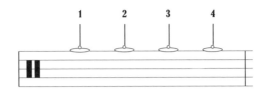

② 4비트 연습하기(2)

냄비 뚜껑을 4비트 연주하던 것에서 몇 가지를 동시에 연주합니다. 한쪽 발로 플라스틱 양동이를 '쿵', 젓가락을 들고 있지 않은 손엔 마라카스를 들고 있다가 한 번씩 '툭' 연주합니다.

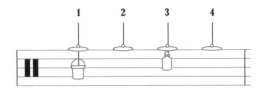

③ 4비트, 8비트 함께 연습하기

이제 8비트를 연습해 볼 차례입니다. 냄비 뚜껑을 좀 더 빠르고 일정하게 한 마디에 8번을 연주합니다. 플라스틱 양동이와 마라카스 연주도 조금 바빠졌어요.

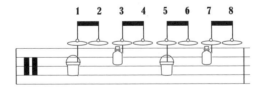

이렇게 기본실력이 쌓이면 박자를 쪼개고 놀 수 있게 됩니다. 뉴욕 거리의 음악가처럼요. 우리도 할 수 있답니다.

뉴욕 거리의 음악가

여기서 잠깐! 🎼

정박인 리듬은 배경리듬을 강화시켜 주어 안정감과 편안함을 느끼고 엇박이면 에너지 자극과 각성을 유도합니다. [10]

한걸음 더

부엌 안 냉장고에도 악기 재료들이 있답니다. 오스트리아 비엔나에는 '채소 오케스트라(vegetable orchestra)'가 20년째 활동 중이에요. 오케스트라 단원들은 공연 날이 되면 동네 시장에 가서 채소들을 구입하는 것으로 하루를 시작합니다. 늙은 호박은 둔탁하고 묵직한 소리가 나는 베이스 드럼이 되고, 당근이나 무는 전동드릴로 속을 파면 피리가 됩니다. 양파껍질을 모아 비비거나 두껍고 질긴 잎채소들을 서로 문질러 소리를 내기도 하지요. 이렇게 다양한 음색이 모여 오케스트라 음악이 탄생합니다. 공연이

끝나고 나면 채소 악기를 만들고 남은 채소들로 수프를 만들어 관객들에 대접한다고 하네요. QR코드와 연결된 유튜브 채널에서 채소 오케스트라의 연주를 감상해 보세요.

여기서 잠깐! 🎼

리듬은 무엇이고 박자와 템포는 어떻게 다른 걸까요?

● 리듬(rhythm): '흐르다'라는 뜻을 가진 그리스어 리드모스(rhythmos)에서 유래된 단어로, 시간 단위에서 소리가 흐르는 자리를 의미해요. 소리와 소리 사이의 간격을

어떻게 배열하느냐에 따라 다른 리듬이 탄생합니다. 음악뿐 아니라 시, 회화, 조각, 건축물 등의 다른 예술 형태에도 존재하는 개념입니다.

● 박자(meter): 박에 셈여림을 더해 규칙적으로 반복되는 리듬의 기본 단위

● 박(beat): 일정한 규칙으로 반복되는 리듬

● 템포(tempo): 한 곡을 어떤 속도로 연주하는지 보여 줍니다. 숫자로 표시하면 M.M(Malzel's Metronome) 또는 60, 80, 100, 120 등으로 표시하는데, 숫자가 클수록 곡을 빠르게 연주합니다. 템포를 말로 표시하는 빠르기말은 매우 느린 아다지시모(Adagissimo)부터 매우 빠른 프레스티시모(Prestissimo)까지 있어요.

정리하기

여러분의 부엌에서 어떤 리듬악기들을 찾으셨나요? 편의상 본문의 활동하기에선 냄비 뚜껑, 유리병, 플라스틱 양동이로 예를 들었지만 두드리고 흔들어 리듬을 만들 수 있다면 그 어떤 기물이든 훌륭한 악기가 될 수 있어요. 여러분의 상상력과 창의력을 발휘할 수 있는 시간이 될 거예요. 새롭게 찾아낸 부엌 악기와 리듬에 새로운 이름을 붙여 봐도 좋아요. 예디는 유리병 마라카스는 '찰찰이', 드럼처럼 쓰인 플라스틱 양동이 악기에는 '툭툭'이라고 이름 붙여 봤어요. 여러분이 발견한 악기의 이름은 어떤 건가요?

....

....

....

....

....

....

🎵 10 은디의 이야기: 리듬과 친해지기

● 활동 목표 ┃ 자기성취감, 자기효능감 향상
● 활동 내용 ┃ 음악에 맞춰 드럼 세트 연주하기
● 준 비 물 ┃ 드럼 세트

 드럼 세트는 피아노, 색소폰 다음으로 음악치료사인 저를 대표하는 악기예요. 매력적인 악기지만 쉽지 않아 중도 포기하기를 거듭하다 네 번째 시도만에 손발이 따로 움직이기 시작했어요. 세 번째의 시도까지는 왼발이 제 맘대로 안 되었죠. 그러다 우연히 70세 어르신이 드럼에 빠져서 드럼을 아무 때나 연습하기 위해 아무도 없는 산속으로 이사를 가고 1년만에 멋지게 연주하게 되었다는 사연을 접했습니다. 그것이 동기부여가 되어 저도 요즘 좋은 선생님을 구해 네 번째 만나는 드럼과 다시 친해지는 중입니다. 지금부터 저의 드럼 연습 과정을 나눠 볼게요.

크래쉬 심벌즈

라이드 심벌즈

하이햇 심벌즈

탐탐 드럼

스네어
드럼

플로어탐

베이스 드럼

1. 노래를 받으면 일단 처음부터 끝까지 연습하고, 안 되는 부분은 따로 떼어 연습합니다.

2. 리듬 악보에 나만의 이름을 붙입니다. 앞 장에서 연주한 8비트 드럼 연주를 저는 '쿵치따치'라고 불러요.

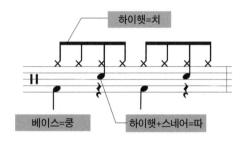

3. 쿵치따치가 편해지면 창치따창치창따치에 도전해 봐요.

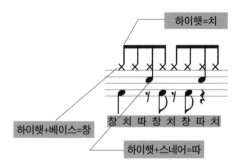

4. 잘 안 되는 부분은 상상으로 언제, 어디서나 반복해서 연습해 보세요('13. 상상연주'를 참고하세요.). 젓가락을 들기도 하고 그냥 손만 움직이기도 하면서요.

5. 유독 잘 안 되는 부분은 한 마디만이라도 끝내겠다는 심정으로 해 보세요. 드럼 연습은 메트로놈과 함께 하시는 것이 가장 이상적이에요. 원래 빠르기가 80이라면, 40부터 시작해 보세요. 시중에 메트로놈 앱이 많이 나와 있는데 자동으로 설정하여 둔만큼 속도를 올려주는 Tempo(iOS), 크레(안드로이드) 따위의 앱들이 있어요. 30초 혹은 8마디마다 1BPM이나 2BPM 정도로 조금씩 올려 주면서 연습하면 됩니다.

6. 원래 빠르기로 한마디 연주가 완성되면, 다시 속도를 줄여서 바로 앞마디와 함께 두 마디를 연습해서 다시 천천히 템포를 올리세요. 어느 순간 잘 되던 연주가 안 될 수도 있어요. 5BPM 정도 낮추고 다시 시작하면 됩니다. 이런 방식으로 인고의 시간을 버틴다면 어느새 한 곡을 완성할 거예요. 때로는 1~2일, 혹은 1~2주가 걸릴 수도 있겠지요. 하지만 아무것도 안 하고 있어도 세월은 지나갑니다. 한번 꾸준히 해 보시면 어떨까요? 과정을 즐기면 덜 지칠 거예요.

7. 연습하시는 곡은 많이 들을수록 좋아요. 리듬을 머리가 아닌 몸에 익혀 보세요.

유튜브에서 커버곡을 검색해 보세요. 예를 들어, 검색창에 '아파트 드럼커버'라고 입력하시면 우리가 아는 그 유행가 〈아파트〉에 드럼을 연주해서 악보와 함께 제공하는 영상들이 있을 거예요. 유튜브 창 하단에 '설정✿'을 보시면 재생속도를 조절할 수 있어요. 0.75로 설정하시고 천천히 연습해 보세요.

정리하기

오늘은 은디의 오랜 로망이었던 드럼 세트와 친해지는 법을 함께 나눠 봤어요. 사실 처음 드럼 세트를 배운다면 기본적인 쿵치따치 박자도 연주하기 쉽지 않아요. 드럼 세트를 처음 연습하다가 "그것도 못하냐며" 서로 다투거나 핀잔을 주고받는 부부나 부모와 자녀들을 보게 되는 경우가 많아요. 하지만 드럼 세트는 혼자만의 시간과 꾸준한 노력이 필요한 악기예요. 각자의 배움의 속도를 존중해 주세요.

11 예디의 이야기: 멜로디와 친해지기

- ● 활동 목표 | 자기성취감, 자기효능감 향상
- ● 활동 내용 | 건반악기 탐색하기
- ● 준 비 물 | 피아노, 전자키보드, 실로폰 같은 건반악기

　제가 피아노를 처음 접한 건 여섯 살 정도였어요. 피아노를 좋아하는 어머니 덕분에 일찍 피아노를 배웠고 학창 시절 학교와 교회에서 피아노 반주를 도맡았어요. 그러다가 긴 시간이 지나 영국 에딘버러에서 영국, 미국, 호주, 타이완 등 전 세계 곳곳에서 온 친구들과 음악치료사 훈련을 받으며 저는 작은 충격을 받게 되었어요. 가장 편한 친구라고 생각했던 피아노였는데 막상 그 친구와 자유롭고 유연하게 노는 법을 몰랐다는 것을 알게 되었거든요. 늘 정해진 곡을 연주하고 누군가의 노래에 반주를 하거나 배경음악을 깔아주기만 했을 뿐 피아노로 내 감정과 상태를 표현하는 일은 너무나 생소했습니다. 여러분께 제가 2년간 음악치료사로 훈련받으며 멜로디(선율)를 탐색하고 피아노와 다시 친해지기 위해 했던 몇 가지 활동을 소개해 볼게요.

활동하기

1. 우선 악보를 보지 않고 건반을 탐색해 보는 거예요. 내가 가장 편하게 느끼는 음정은 무엇일까요? 도, 레, 미, 파, 솔, 라, 시, 도, 그리고 다음 레…… 건반 위의 음들을 차례로 눌러 보면서 내 귀에 편안한 음역과 음정을 찾아보세요.

2. 하나의 계이름을 정해 보세요. 그리고 그것만 계속 연주해 보세요. 같은 자리에서 연주할 수도 있고 높낮이는 다르지만 같은 계이름을 한 멜로디로 연주할 수도 있어요.

   스타카토 ♩로 짧게 연주해 보기도 하고, 페르마타 ♩̂처럼 길게 그 음에 머물러 보세요. 페달을 사용하면 부드러운 음이 더해지지요. 다양한 리듬을 적용해도 좋아요. 한 음을 탐색해 보세요. QR코드와 연결된 예디의 시범 영상을 살펴보세요.

3. 일상에서 조화를 이룬다는 표현에 사용하는 음악 용어 화성(하모니, harmony)는 한 번에 두 개 이상의 음을 일정한 법칙으로 연결한 것을 말해요. 다른 종류의 악기는 여러 개의 악기가 모여야 화음이 이루어지는 경우가 많은데 건반악기는 하나로 여러 개의 건반을 동시에 눌러 다양한 화음을 만들 수 있어요. 주요 3화음인 다장조의 (C Major) 1화음, 4화음, 5화음이 대표적이지요. 각 화음을 구성하는 음을 각각 따로 연주해 보면서 음이 조화를 이루는 것을 느껴 보세요.

1도 으뜸화음　　4도 버금딸림화음　　5도 딸림화음

4. 다음에는 1, 4, 5화음에 다른 음을 하나씩 더해서 연주해 봐요. 도미솔을 연주할 때 시를 함께 쳐 봐요. 어떤 느낌이 드나요? 또는 도미솔을 연주할 때 높은 레 샵을 함께 쳐 보면 어떤가요? 앞에서 연주한 것처럼 음들이 잘 어울리는 소리가 나면 협화음, 두 번째 연주한 것처럼 긴장감이 느껴지거나 왠지 모르게 불편한 느낌이 들면 불협화음이라고 불러요. 편안하고 안정적일 때는 협화음을, 불안하고 급격한 변화가 있을 때는 불협화음이 어울리지요.

5. 자유롭게 건반을 연주하는 일은 쉽지 않아요. 어떤 음부터 눌러야 할지, 여러 개를 한 번에 눌렀을 때 어떤 소리가 날지 예측하기 어렵고 자신도 없거든요. 이번엔 피아노의 검은 건반에만 집중해 보세요. 내 손과 마음이 가는 대로 검은 건반을 눌러 보세요. 어떤가요? 음정들의 합이 익숙하게 들리지 않나요? 검은 건반에 해당되는 C#, D#, F#, G#, A#은 사실 반음을 뺀 1, 2, 3, 5, 6음으로 이루어진 오음계(펜타토닉)라고 할 수 있어요. 5음계는 전 세계 많은 민속음악이나 옛 음악들의 근간을 이룰 정도로 많이 쓰이기에 우리에게 익숙한 느낌을 줍니다. 3-4음(미-파), 7-8음(시-도)에 해당하는 반음이 없어서 편안하고 여운을 남기는 멜로디를 만들기도 좋답니다. 물론 하얀 건반으로 5음계를 얼마든지 연주할 수 있지만 이제 막 피아노와 친해지는 분들이라면 검은 건반만 사용하는 것이 더 쉽고 재미있을 거예요.

여기서 잠깐! 🎼

- 선율(멜로디, melody): 리듬 위에 얹은 높고 낮은 음들을 연결한 것
- 화음: 두 개 이상의 음이 동시에 나며 어우러지는 것, 듣기 편안하면 협화음, 긴장 감이나 불편함을 유발하면 불협화음이 됩니다.
- 음색: 음의 색깔, 소리의 감각적 특색
- 음고: 음의 높낮이

정리하기

오늘의 건반 탐색 어떠셨나요? 나를 편안하게 하는 멜로디와 화음, 나의 불편한 마음을 대신 드러내 줄 수 있는 멜로디와 화음을 잘 탐색해 보세요. 나중에 음악치료사를 만나는 기회가 온다면 나를 더 수월하고 깊이 있게 탐험할 수 있을 거예요.

경험하기

Experience

12 심상적 듣기 2

- **활동 목표**┃ 심상훈련
- **활동 내용**┃ 음악을 듣고 편안한 장소와 장면을 연상하기
- **준 비 물**┃ 음악, 음악 재생 기구(핸드폰, 오디오)

바흐 평균율 1번 Prelude in C Major(BWV 846)는 샤를 구노(Charles-Francois Gounod)가 선율을 붙인 '아베마리아'로도 잘 알려져 있어요. 은디는 이 곡을 원래 좋아하고 자주 들었어요. 그러다가 미국 유학 시절 콜로라도의 아스펜이라는 지역의 한 숲에서 산책을 하며 이 곡을 듣게 되었지요. 그때 아스펜 나무들이 바람에 흩날리며 잎새 사이로 햇살이 반짝이는 모습과 이 음악이 너무나도 잘 어울려져서 감동은 배가 되었고요. 그 이후로 이 곡을 들을 때마다 그때의 그 아름다운 아스펜 숲으로 저를 인도해 준답니다. 여러분도 직접 고른 음악과 함께 심상여행을 떠나보지 않으실래요?

활동하기

1. 오늘 활동은 5장의 활동(심상적 듣기 1)과 이어서 해도 좋고 단독으로 해도 괜찮아요. 5장에서 음악을 정했다면 같은 곡이 5분 이상 재생될 수 있도록 연속 재생 기능을 켜도 좋고, 분위기가 비슷한 곡을 여러 개 정해 5분 이상 이어지게 재생 설정을 해도 좋아요.

2. 눈을 감고 1~2분 정도 호흡에 집중해 보세요. 호흡과 관련된 정보는 3장을 참조하세요.

3. 내가 가장 편안하게 느끼는 장소에서 시작하세요. 마치 기차에 앉아 차창 밖 풍경을 바라보는 것처럼, 음악의 흐름에 따라 연상되는 장면들을 지나가듯이 감상하세요. 떠오르는 장소나 장면이 있나요? 어떤 풍경이 펼쳐지고 있나요? 어떤 사물이 있나요? 냄새, 촉감, 소리가 느껴지나요? 공기의 무게나 흐름은 어떠한가요? 구체적으로 상상하고 감각을 느껴 보세요.

4. 한 번 더 음악을 감상할 때는 연상되는 장면들을 최대한 기록해 보세요. 곡에 따라서 한 가지 장면만 계속 연상이 되는 경우도 있고, 다양한 장면이 연상이 되는 경우도 있어요. 내가 만든 상상의 장소가 구체적으로 그려지고 있다면 적절한 음악을 찾은 거예요.

5. 매일 조금씩 나의 상상의 공간을 확장해 보세요. 오늘은 상상의 장소가 내뿜는 냄새에 집중했다면, 어떤 날은 몸에서 느껴지는 다양한 감각과 느낌에 더 집중하는 방법도 좋을 거예요.

한걸음 더

같은 음악이더라도 다른 날 들으면 그 음악이 나를 어디로 데려가는 지는 달라질 수 있어요. 자주 가는 공원을 가도 그날 어떤 사람과 있었 고 어떤 날씨였는지에 따라 나의 느낌과 감상이 다르지 않나요? 음악 도 마찬가지랍니다. 그날의 나의 기분과 감정, 어떤 일이 있었는지에 따라 같은 음악을 들어도 다른 연상을 할 수 있어요. 같은 음악을 들었 는데 다른 장소와 느낌을 연상했다고요? 나에게 어떤 변화가 있었던 걸까요?

수용적 음악치료 방식의 하나인 지아이엠(Guided Imagery and Music: GIM)은 현재 나의 상태와 기분에 집중하는 음악치료 기법을 사용합니 다. 치료사는 대상자의 상황이나 필요에 따라 선곡을 하고 대상자는 한 가지 고정된 상상이나 연상을 하는 것이 아닌 음악이 대상자에게 주 는 심상을 따라 함께 여행을 하는 것처럼 연상을 하지요. 보다 깊은 경 험을 하기를 원하신다면 (사)전국음악치료사협회에 문의하셔서 심상 유도 음악치료를 전문으로 하는 기관이나 치료사를 안내받으시기 바 랍니다. 긴장이완, 명상, 심상법, 마음챙김은 이를 사용하는 학계와 학 자에 따라 철학과 접근이 조금씩 다양하긴 하지만 다양한 방향에서의 스트레스 상황에서 우리가 긍정적으로 대처할 수 있는 방향을 제시하 고 있습니다.

더 깊은 공부를 하고 싶으시다면 다음과 같은 참고서적을 추천해요.

- Grocke, D., & Moe, T. (2018). **GIM과 MI: 음악을 통한 개인치료와 그룹치료 기법** (문소영 외 역). 서울: 학지사.
- Grocke, D., & Wigram, T. (2011). **음악치료 수용기법: 음악치료 교육 및 임상을 위한 지침서** (문소영, 이윤진 역). 서울: 학지사.

정리하기

_____년 _____월 _____일

오늘의 선곡 _____

1. 오늘은 어떤 장소를 연상했나요?

2. 앞의 장소를 연상할 때 오늘은 어떤 감정을 느꼈나요? 떠오르는 대로 자유롭게 적어 보세요. 같은 장소를 연상하더라도 지금, 여기 나의 느낌은 매번 다를 수 있으니 그날그날 새롭게 떠오르는 것을 적어 보세요.

♪13 상상연주

● 활동 목표 ┃ 효과적인 연습, 자신감 증진
● 활동 내용 ┃ 때와 장소에 구애받지 않고 악기와 친해지기
● 준 비 물 ┃ 없음

  그동안 음악을 들으며 마음속에 이미지를 그려 나가는 심상(心像)법을 이용하여 다양한 활동을 했습니다. 심상법은 이미지 트레이닝과 같은 원리예요. 스포츠 선수들이 경기력을 최대한 발휘할 수 있도록 머릿속에서 모든 감각을 이용해 다음 동작을 상상하거나 경기 기록이 좋았던 때를 다시 떠올리는 방법과 비슷하답니다.[1] 최근 많은 뇌 연구를 통해 어떤 동작을 자세히 상상하는 것만으로도 실제로 그 행위를 하는 것과 비슷하게 뇌에서 신경자극이 일어난다는 사실이 밝혀졌어요. 상상연습(mental practice)만으로 중추적인 신경구조를 활성화해서 운동신경을 발달시킬 수 있는 것이지요.[2] 앞 장에서 우리는 자신만의 반려악기를 발견하고 이제 막 연습을 시작했어요. 하지만 바쁜 우리에게 연습할 시간과 장소는 매번 주어지지 않지요. 회사에 늘 기타를 가지고 다닐 수도 없고요. 밤늦게 드럼을 칠 수 있는 장소는 많지 않아요. 하지만 아직 포기하긴 일러요. 은디의 비법('활동하기' 참고)을 알고 나면 언제, 어디서든 연습하고 싶어질 거예요.

활동하기

1. 타악기를 연습할 때는 손과 발로 자세를 잡고 머릿속으로 치는 것을 연습해요. 몸을 자유롭게 움직일 수 있는 상황이면 손과 발을 실제로 움직이고 소리를 상상해 봐요. 특히 여러 개의 드럼과 심벌즈를 연주해야 하는 드럼 세트는 상상연습이 큰 효과를 발휘해요. 막히는 도로 위에서도 상상연습을 해 볼 수 있어요. 차 안 대시보드에는 은디가 어려워하는 리듬 악보를 붙였어요. 리듬 패턴을 입으로 만들면서 상상연습을 합니다. 핸들의 가운데는 베이스, 핸들의 왼쪽은 하이햇 심벌즈, 오른쪽은 스네어라고 생각하면서요.

2. 기타나 바이올린 같은 현악기류는 소리는 내지 않고 자세만 흉내를 내고 왼손은 운지를 연습해요. 오른쪽 손목을 기타의 넥(neck)이라고 생각하고 왼손으로 잡아서 운지를 연습하는 것도 아주 좋은 방법이랍니다.

3. 시각, 청각, 촉각, 후각 등의 모든 감각을 동원하여 최대한 자세하게 상상해 보세요. 지금 나는 어느 공간에서 연주를 하고 있나요? 내 앞에 누가 있나요?

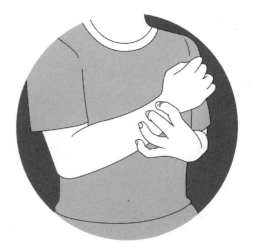

자신의 분야에서 최고가 되기 위해서는 최소 1만·시간을 투자해야 한다는 법칙, 한 번쯤 들어봤을 거예요. 이를 인용한 수많은 자기계발서가 베스트셀러가 될 정도로 '1만 시간의 법칙'은 사람들의 이목을 끌었고 이를 반박하는 논문들도 쏟아졌습니다. 그런데 이를 처음으로 얘기했던 앤더슨 에릭슨(Anderson Ericsson) 교수는 몇 년 전 자신의 새 저서 『1만 시간의 재발견』에서 '1만 시간'의 연습량의 문자적 해석을 반박하는 이야기를 펼칩니다. 그의 핵심은 오히려 기계적인 연습은 실력을 나쁘게 만든다는 것이었어요. 1만 시간은 목적과 집중력이 전제된 연습량을 말하는 것이었지요. 따라서 상상연습을 시작하실 때는 실제 효과적인 연습의 느낌을 충분히 익힌 다음 하는 것을 권장합니다.[3]

정리하기

상상연습은 때와 장소에 구애받지 않고, 심지어 악기가 없어도 연습이 가능해요. 뿐만 아니라 몸에 무리가 덜 가게 하면서도 연주 기술을 향상시킨다는 장점을 가지고 있어요. 무엇보다 제일 중요한 사실은 내가 악기를 연습하는 동기가 무엇이냐는 것이겠죠? 상상연습과 함께 반려악기를 생각하고 친해지는 과정을 즐겨 보세요.

🎵 14 내가 그리는 음악

- **활동 목표 |** 상상력·표현력 증진, 심신 안정
- **활동 내용 |** 음악이 주는 시각적 이미지를 표현하기
- **준 비 물 |** 음악, 음악 재생 기구(핸드폰, 오디오)

어떤 음악은 이미 제목에서부터 작곡가가 어떤 주제를 생각하고 만들었는지 알 수 있어요. 카미유 생상스의 〈동물의 사육제〉는 총 14곡의 제목이 각각 사자, 백조, 거북이, 코끼리, 수족관 따위로 되어 있어요. 이렇게 음악 외적인 것을 음악으로 묘사하는 음악을 '표제음악'이라고 하지요. 이와 다르게 음악과 형식에 집중해 순수하게 만든 음악을 '절대음악'이라고 합니다. 두 종류의 음악은 반대의 개념으로 알려져 있지만 오늘은 음악의 종류에 구애받지 말고 자신의 느낌에 주목해 봅시다. 제목이 붙여진 표제음악을 들을 때 제목을 의식적으로 보지 않고 듣는다든가, 절대음악을 들을 때 표제음악처럼 작곡가가 어떤 마음으로 만들었을지 상상하고 질문해 보면 어떨까요? 앞 장의 여러 활동을 통해 머릿속으로 장면을 그리며 음악을 선곡해 봤다면 이번에는 음악을 그림의 형태로 표현해 볼 거예요.

은디의 선곡표 〉〉〉

카미유 생상스(Camille Saint-Saens),
동물의 사육제(Le carnaval des animaux) 전곡

김동률,
Prayer, Kim dong Ryule 앨범(2011) 중에서

무소륵스키(Musorgskii), '껍질을 덜 벗은 햇병아리들의 발레(Ballet of unhatched fledglings)', 전람회의 그림 중에서

넬라 판타지아,
사라 브라이트만(Sarah Brightman)

엔니오 모리코네(Ennio Morricone), Gabriel's Oboe, 영화 미션(1986) OST 앨범 중에서

여기서 잠깐!

앞에서 제시된 '넬라 판타지아'와 'Gabriel's Oboe'는 같은 선율이지만 한 곡은 가사가 있는 성악곡이고 다른 한 곡은 기악곡이라는 차이가 있어요.

활동하기

1. 편하게 그림을 그릴 수 있는 환경을 만들어 주세요.

2. 그림 도구를 준비하세요. A4용지는 쉽게 구할 수 있겠지만 음악을 듣고 종이 한 장에 표현하기엔 8절지 이상(394 × 272 mm)이 좋을 거예요. 추상화, 정물화, 풍경화, 만화, 선화 등 어떤 형태도 좋고, 먹, 물감이나 연필 등 다양한 도구를 사용해도 좋아요. 같은 곡이라도 누가 듣는지, 그때의 기분은 어떤지에 따라 다른 그림을 그릴 수 있어요.

3. 앞에서 고른 음악을 틀어 주세요. 그림으로 표현해보고 싶은 음악을 한 곡 정해 봐요. 앞 장의 은디의 선곡을 참고해도 좋아요. 충분한 시간 동안 그림을 그릴 수 있도록 음악이 계속 흘러나오도록 연속재생 기능을 이용해 주세요.

4. 완성된 그림에 제목을 붙여 보세요.

   ....

   ....

5. 내가 그린 그림을 찬찬히 감상해 보세요. 잘 그리고 못 그리고는 중요하지 않아요. 내가 그린 그림은 내가 들었던 음악을, 나의 감정과 생각을 표현해 주고 있나요?

   ....

   ....

정리하기

_____년 _____월 _____일

오늘의 선곡 _____

오늘은 어떤 장소를 연상했나요?

....

....

....

그림을 그리며 어떤 기분과 생각이 들었나요?

....

....

....

....

....

....

🎵 15 음악과 함께 춤을

● 활동 목표 ┃ 음악 감상, 표현력 증진
● 활동 내용 ┃ 음악이 주는 느낌을 몸으로 표현하기
● 준 비 물 ┃ 음악, 음악 재생 기구(핸드폰, 오디오)

음악이 주는 느낌과 감정을 몸으로 표현하는 활동을 해 볼 거예요. 앞서 음악을 들으며 그림을 그린 것과 비슷한 활동이지요. 일반적으로 우리는 무용수나 댄서들이 표현하는 것을 보는 경우가 많은데, 직접 몸으로 음악을 체감한다면 음악이 또 다르게 다가오겠죠?

은디의 선곡표 ›››

느린 음악과 빠른 음악은 각각의 장점이 있어요. 느린 음악은 감정을 풍부하게, 생각을 깊게 하도록 도와주고, 빠른 음악은 우리 몸의 감각을 보다 활기차게 해 주지요. 다음 예시곡을 참고해 보세요.

● 느린 음악을 원한다면

 캐서린 젠킨스(Katherine Jenkins), 안드레아 보첼리(Andrea Bocelli), I Believe, Believe(2009) 앨범 중에서

 짐 브릭만(Jim Brickman), Circles, My Romance: An Evening With Jim Brickman(2000) 앨범 중에서

● 빠른 음악을 원한다면

 루 베가(Lou Bega), Mambo No. 5, A Little Bit of Mambo(1999) 앨범 중에서

 케이티 턴스털(KT Tunstall), Black Horse and the Cherry Tree, Eye to the Telescope (2004) 앨범 중에서

 푸시캣 돌스(Pussycat Dolls), Sway, 영화 쉘 위 댄스(Shall we dance) (2004) 수록곡 중에서

핑크 마르티니(Pink Martini), Bitty Boppy Betty, Splendor in the Grass(2009) 앨범 중에서

 올 댓 재즈(All that Jazz), 뮤지컬 시카고(1998) 수록곡 중에서

활동하기

1. 몸으로 표현하는 게 익숙지 않은 분이라면 조명을 조금 낮추거나 눈을 감고 시작해도 좋아요.

2. 주변에 부딪히지 않도록 충분히 움직일 공간을 확보하세요.

3. 음악을 틀기 전에 잠시 1~2분 정도 호흡에만 집중해 보세요.

4. 이제 음악을 틀고 눈을 감아 봅시다. 음악에 집중할 때 어떤 동작들이 떠오르나요? 움직임의 범위는 좁은가요, 넓은가요? 팔, 다리, 머리 그리고 몸의 움직임을 상상해 봅시다.

5. 상상한 대로 몸을 움직여 보세요. 몸으로 표현하는 게 쑥스럽고 익숙지 않다면 손가락을 두들겨 봐도 좋아요. 또는 서 있는 자세에서 몸을 앞뒤 혹은 좌우로 움직여 보는 거예요. 조금 더 익숙해졌나요? 지휘자가 된 것처럼 팔을 뻗고 음악에 맞춰 지휘도 해 봅시다. 이제 막 몸으로 표현하기 시작했다면 오늘은 이 정도만 해

도 충분합니다.

6. 혹시 느린 템포의 음악을 선택했다면 몸으로만 표현하는 것이 더 어려울지도 몰라요. 스카프나 리본체조 선수들이 사용하는 리본, 한삼이나 부채 등 움직임을 만들어 내는 데 도움을 주는 도구를 함께 이용해 보시면 도움이 될 거예요.

7. 음악이 주는 느낌을 충분히 몸으로 표현할 수 있도록 이 활동을 적어도 10분 정도 지속해 보세요.

여기서 잠깐! 🎼

혹시 듣고 있는 음악이 삼바, 왈츠, 탱고 같은 춤곡⁺인가요? 꼭 그 음악에 맞는 춤을 춰야 할 필요는 없어요. 오늘 활동의 목적은 특정 동작을 배워서 지키는 것이 아니라 음악이 주는 느낌을 몸으로 표현하는 것이니까요. 여러분이 표현하고 싶은 대로 마음껏 표현해 보세요.

정리하기

_____년 _____월 _____일

오늘의 선곡 _____

몸을 움직이며 어떤 느낌과 생각이 들었는지 적어 보세요.

....

....

....

....

....

....

....

....

....

....

03. 경험하기

16 나의 레퀴엠(Requiem)

● 활동 목표 ┃ 자기 발견, 인생 회고
● 활동 내용 ┃ 나의 장례식에서 연주될 음악 고르기
● 준 비 물 ┃ 음악 재생 기구(핸드폰, 오디오), 필기구

오늘은 훗날 나의 장례식에 연주될 음악을 탐색해 보려고 해요.

인류는 아주 오래전부터 특정한 의식을 기념하여 음악을 만들고 연주해 왔어요.[5] 이런 음악들은 특정한 때와 장소에 연주되며 해당 의식에 집중하여 성스럽게 진행할 수 있도록 도와주지요. 라틴어로 휴식이라는 의미를 지닌 레퀴엠(Requiem)은 대표적으로 죽은 이들의 영혼을 위로하기 위해 가톨릭교회의 미사 때 부르는 음악이에요. 죽음에 대한 공포나 트라우마가 있으신 분들은 다음 장으로 넘어가도 괜찮습니다. 마음이 불편하지 않는 선에서 자신의 장례식에서 연주되었으면 하는 음악에 대해 생각해 보고 주변 사람과 이야기도 나누어 보세요.

활동하기

1. 장례식과 연관된 음악을 먼저 감상해 봅시다. 레퀴엠(Requiem)은 로마 가톨릭에서 죽은 이를 위해 신에게 영원한 안식을 청하며 연주하는 대표적인 음악의 한 종류에요. 모차르트, 베르디, 브람스 등의 작곡가들이 레퀴엠을 만들었어요.

   - 모차르트, Requiem In D Minor, K 626
   - 베르디(Verdi), Messa da Requiem
   - 브람스(J. Brahms), Op.45(Ein deutsches Requiem Op.45)

   이 밖에도 짧은 생을 반추하거나 사랑하는 사람과의 이별을 담은 곡들이 있어요.

   - 성 올라프 칼리지(St. Olaf College), A bide with me(저에게 머물러주소서), H.F. Lyte 작사, W. H. Monk.작곡
   - 안드레아 보첼리(Andrea Bocelli), 사라 브라이트만(Sarah Brightman), Time to say goodbye(1996)
   - 석별의 정(Auld Lang Syne), 스코틀랜드 민요

2. 나의 장례식에 온 사람들이 나를 어떤 음악으로 기억해 주길 원하나요? 내가 사랑했던 사람들에게 내가 주고 싶은 음악 선물은 어떤 건가요? 6장의 나만의 선곡표 만들기 활동과 부록의 선곡표를 참고해서 나의 레퀴엠을 선정해 보세요.

앞에서 들어본 음악을 바탕으로 레퀴엠을 직접 만들어 볼 수도 있어요. 어떤 분위기의 장례식이 되길 원하나요? 노랫말이 없는 경음악을 선호하나요? 그렇지 않다면 어떤 메시지를 전하고 싶나요? 질문을 계속 생각하면서 20장 '노래는 나의 힘' 활동을 참고해 보세요.

한걸음 더

한국에서도 많은 사랑을 받았던 〈러브 액츄얼리(Love Actually)〉(2003)라는 영화를 보면 극 중 다니엘이 사랑하는 아내 조의 장례식장에서 추모사를 하는 장면이 나옵니다. 그는 아내가 자신의 장례식을 위해 신청곡을 남겼다는 말과 함께 스코틀랜드 밴드 베이 시티 롤러스(Bay City Rollers)의 〈Bye Bye Baby〉(잘 가, 자기)를 틀어요. 엄숙한 분위기와 반대되는 경쾌한 선율이 교회 안을 채우고, 스크린에는 다니엘과 아내의 지난 시절의 행복했던 순간들이 나오지요. 자신의 죽음을 애도할 많은 사람에게 잠시나마 미소를 주고 싶었던 조의 마음이 엿보이는 대목입니다. 요즘 한국의 장례 문화도 조금씩 바뀌면서 빈소에 고인이 좋아하던 음악을 틀어놓는 경우가 생겼다고 합니다.

정리하기

★은디의 이야기

　　여든이 넘은 저의 어머니는 작년에 사랑하는 사람들과 두 번의 이별을 하셨습니다. 코로나로 제약이 많아 충분히 애도할 시간조차 없어 더 아픈 이별이었을 겁니다. 또 다른 장례식에 참석한 어느 날, 말없이 앉아 있는 어머니에게 저는 장난삼아 이것저것 물어보기 시작했어요. 꽃은 얼마나 할까, 음악은 언제, 어떤 곡을 틀어놓을까, 현악으로 할까 등등. 어느새 우리 모녀는 어머니의 장례식을 유쾌하게 설계하기 시작했어요. 훗날 이 순간을 오랫동안 기억하게 될 것 같아요, 오늘 여러분은 어떤 장례식을 그려 보셨나요? 사람들이 어떤 음악으로 나를 기억하길 원하나요? 앞의 활동들을 하며 어떤 생각이나 감정이 들었나요? 자유롭게 적어 보세요.

....

....

....

★은디의 선곡이 궁금하다면

- 내 평생에 가는 길(It is well with my soul):
  H. G. Spafford 작사, P.P. Bliss 작곡.

- 주님의 뜻을 이루소서(Have thine own way, Lord):
  A. A. Pollaud 작사, G. C. Stebbius 작곡

- 오 신실하신 주(Great is thy faithfulness):
  T.O. Chrisholm 작사, W.W. Runyan 작곡

| 노 래 하 기 |

singing

17 씹고 뜯고 즐기고 맛보는 노래

- 활동 목표 | 표현력 증진, 자기 이해
- 활동 내용 | 음악을 들으며 노랫말이 쓰이게 된 배경과 노랫말이 나에게 주는 의미 생각하기
- 준 비 물 | 음악, 음악 재생 기구(핸드폰, 오디오), 필기구

　자신이 좋아하는 노래를 한번 떠올려 보세요. 노랫말이 좋아서 즐겨 듣는 노래가 있나요? 가사가 있는 음악은 우리에게 강력한 감정과 생각을 선물합니다. 세상을 살아갈 힘을 얻게 해 주고, 다른 사람과 연결되어 있다는 느낌도 주지요. 더불어 노래에 얽힌 배경이나 사연을 알고 들으면 또 다른 감동이 느껴집니다. 그룹 '카니발'의 〈거위의 꿈〉이란 노래를 좋아하는 분들 많을 거예요. TV나 라디오에서 많이 들어서 익숙한 노래지요. 그런데 거위는 원래 날 수 있었던 기러기를 인간의 편의를 위해 가축으로 개량한 새라고 해요. 노래에 얽힌 사연을 알고 나니 어떤가요? 애초에 날 수 없는 거위의 비상을 꿈꾸는 노래라고 생각할 때와는 다른 느낌이 들지 않나요? 타의에 의해

날지 못했던 이의 재도전과 충만한 의지 같은 것 말이에요. 음악을 들을 때 특정 부분의 가사만 잘 기억하는 경우가 많은데요. 오늘은 노랫말에 온전히 집중하고 충분히 즐길 수 있는 활동을 해 봅시다. 노래에 대한 이해는 물론 다른 감동이 찾아올 거예요.

선곡하기

우연히 들었던 음악, 누군가가 추천해 준 음악, 드라마나 영화의 배경 음악 그 어떤 것도 괜찮아요. 마음에 남았던 노래의 제목과 가수를 음원 사이트에서 찾아보세요. 가사가 좋은 노래 몇 곡을 추천해요.

| 윤도현 | 흰수염고래, EP(미니) 앨범 중에서(2011)

| 프로젝트 그룹 카니발(이적, 김동률) | 거위의 꿈(1997)

| 네모의 꿈 | W.H.I.T.E (화이트), Dream Come True(1996) 앨범 중에서

| 윤상 | 한걸음 더, Forever Best 002 앨범(1990) 중에서

| 처진 달팽이(유재석, 이적) | 말하는 대로, 무한도전 서해안 고속도로 가요제
(2011)

| 촛불 하나 | chapter 3(2000) 앨범 중에서

| 옥상달빛 | 수고했어, 오늘도, 28(2011) 앨범 중에서

| 양희은 | 엄마가 딸에게, 뜻밖의 만남 네 번째(2015)

| 아이유 | 아이와 나의 바다, LILAC(2021) 앨범 중에서

여기서 잠깐! 🎼

길을 걷다가, 혹은 카페에서 맘에 드는 음악을 듣게 되었는데 제목을 알 수 없어 답답했던 경험 있으신가요? Shazam이라는 핸드폰 앱을 추천해요. 어떤 노래든 몇 초안에 제목을 알려줍니다.

활동하기

1. 편안한 의자와 조명, 주변의 방해를 받지 않는 공간에서 시작해 보세요.

2. 오늘의 노래를 정했나요? 가사 전체를 종이에 한번 적어 보세요. 프린터로 출력해서 눈으로 볼 수 있게 해도 괜찮아요.

3. 노래를 듣기 전에 가사를 천천히 읽어 보세요.

4. 특별히 눈에 들어오는 구절이 있나요? 그 구절이 나에게 어떤 의미가 있나요? 생각나는 대로 적어 보세요.

....

....

....

....

....

5. 눈으로 가사를 읽어 가며 노래를 들어보세요. 새롭게 가슴에 남은 구절은 어떤 건가요?

6. 인터넷 검색으로 노래의 작곡가와 작사가를 알아보고 가사와 관련된 정보를 찾아보세요.

7. 내가 직접 이 노래의 뮤직비디오를 만든다고 생각해 보세요. 어떤 구절을 형상화해 보고 싶나요? 어떤 장면이 떠오르나요?

8. 이 노래의 뮤직비디오가 원래 있나요? 뮤직비디오를 보면서 내가 앞서 생각했던 뮤직비디오의 장면과 비슷한지, 다르다면 어떻게 다른지 비교해 보는 것도 재미있을 거예요.

9. 이제 다시 눈을 감고 음악을 들어보세요. 가사도 한번 더 읽어 보세요. 첫 느낌과 지금 느낌이 어떻게 다른지 생각해 보세요.

정리하기

_____년 _____월 _____일

오늘의 선곡 _____

시간이 갈수록 더욱더 자신에게 의미를 갖는 노래를 선택하게 될 수 있어요. 이 관점에서 본다면 음악은 상징성을 이용해 무의식적 생각이나 감정을 의식적인 것으로 전달하는 데 효과적입니다.[1] 일반적으로 음악치료에서는 이 활동을 음악치료사 및 그룹 구성원들과 함께 합니다.[2] 노래를 듣는다는 것은 감정을 깊게 다룰 수 있기 때문에 여러 사람과 노래에 대한 의미를 나눌 때 벌거벗은 느낌이 들 수도 있어요. 심도 있는 논의로 넘어가고자 한다면 전문적 훈련을 받은 음악치료사에게 꼭 의뢰하시길 추천해요.

🎵 18 나도 공동 작사가

- **활동 목표** | 표현력 증진, 자기 이해, 자아실현
- **활동 내용** | 기존의 가사 일부를 나에게 맞게, 내가 하고 싶은 이야기로
  바꿔 부르기
- **준 비 물** | 음악, 음악 재생기구, 필기구나 컴퓨터

2008년에 발표된 〈비타민〉은 가수 박학기 씨가 직접 만들고 두 딸과 함께 부른 곡으로 잘 알려져 있어요. 박학기 씨도 이 곡을 제일 좋아한다고 말한 적이 있을 정도로 딸들과의 추억과 생생한 감정이 그대로 가사에 잘 담겨 있어서 듣는 사람도 참 가슴이 따뜻해지는 곡이에요.[3] 은디는 이 곡의 후렴을 바꿨답니다. 그랬더니 음악에 대한 애정을 듬뿍 느낄 수 있는 새로운 노래가 되었네요. QR코드를 통해 바뀐 가사의 노래를 들어보세요.

너는 나의 위로, 너는 나의 안식처 모두를 안아줄 준비가 되었고
너의 노래가 나의 노래가 되네. 넌 나의 비타민, 날 깨어나게 해.

개사는 음악을 전문적으로 하지 않는 사람들이 부담을 느끼지 않으면서 나만의 음악을 만들 수 있는 방식이에요. 음악치료사들이 임상에

서 많이 사용하지요. 오늘은 내가 좋아하는 곡을 나의 상황과 감정에 맞게 개사하고 불러 보아요. 오늘은 여러분이 이 곡의 공동 작사가가 되는 거예요.

활동하기

1. 개사를 해 보고 싶은 노래가 있나요? 내가 표현하고 싶은 분위기와 유사한 노래를 선택하는 것도 좋은 방법이에요. 이전 활동에서 찾았던 노래가 마음에 들었다면 그걸 하셔도 좋아요.

2. 원래의 가사로 충분히 불러보세요. 노래를 충분히 익히고 개사를 해야 나중에 바꿔 불러보기도 훨씬 편하답니다.

3. 개사를 해 보고 싶은 부분을 정해 보세요. 일반적으로 후렴구에서 주 목적어나 동사에 해당하는 부분을 바꾸곤 해요. 개사를 할 때 원곡의 음절 수에 맞춰서 개사를 하는 방법도 좋아요. 나중에 노래를 부를 때 멜로디에 맞춰 편하게 부를 수 있거든요. 2음절이었던 부분을 늘여서 3음절로 하거나 3음절이었던 부분을 2음절로 부르는 것도 가능하지요.

4. 바꾼 것을 불러보기를 반복합니다. 내가 개사한 노랫말을 눈으로 보는 것과 직접 불러보는 것은 다를 수 있어요. 한번 불러보면 조금 어색한 부분이나 부르기 어려운 부분들을 알 수 있거든요.

5. 반주에 맞춰 만든 노래를 불러볼까요?

유튜브, 멜론, 벅스 등의 음원 사이트에서 노래 제목에 'MR'을 붙여서 함께 검색해 보세요. MR은 Music Recorded의 약자로 반주만 녹음된 음원이에요. 유튜브에서 쉽게 노래방 반주 음원도 찾을 수 있어요.

정리하기

   개사의 범위는 다양해요. 앞의 활동처럼 후렴만 개사하기도 하고, 후렴만 빼고 다 바꿔 보거나 한 절 전체를 다시 써 볼 수도 있어요. 또는 원곡이 이야기하는 주제나 감정과 상반된 내용으로 바꿔 볼 수도 있답니다. 원곡의 가사가 주는 느낌이 강해서 개사를 해도 비슷한 느낌으로 하게 될 수도 있어요. 그걸 피하고 싶으시다면 외국어로 된 노래를 찾아보세요. 좀 더 자유로운 개사를 하게 될 수 있어요. 오늘 여러분이 개사를 위해 찾은 곡은 어떤 곡인가요?

_____년 _____월 _____일

오늘의 선곡 _____

   내가 개사하고 싶은 노래들을 모아 부록에서 선곡표로 만들어 보세요.

🎵 19 소리 담요를 써 봐요

- 활동 목표 | 심리적 안정감, 자기탐색, 자기표현
- 활동 내용 | 나의 목소리에 집중하고 탐색하기
- 준 비 물 | 없음

 오늘은 준비물이 필요하지 않아요. 왜 그럴까요? 바로 여러분 안에 악기가 있기 때문입니다. 사람들은 저마다 고유한 목소리를 가지고 있어요. 손가락으로 짚거나 두드려서 소리를 내는 악기와 달리 목소리는 우리 몸의 일부분인 성대, 입술, 치아의 마찰과 진동으로 만들어집니다. 각 사람의 생각, 감정, 정서뿐 아니라 신체의 기능과 상태는 그 사람의 목소리에 영향을 주기 때문입니다. 목소리는 그 사람이 누구인지 많은 걸 보여 주는 장치이기도 하고요.[4] 이런 이유로 문화와 국경을 막론하고 인류는 목소리(voice)를 이용하여 치유의 경험을 해 왔습니다. 명상이나 요가를 할 때, 종교나 집단의식에서 목소리가 어떻게 이용되는지 떠올려 보세요. 성악심리치료의 대가인 오스틴(Austin)은 안정된 음색의 목소리를 들려주어 따뜻하게 보호받는 느낌을 '소리의 담요(blanket of voice)'라고 불렀어요. 그만큼 목소리를 이용한 음악치료는 내담자에게 심리적 안정감을 주고 타인과의 의미 있는 소통을 도와줌니다. 성대를 이용해 소리를 내는 행위는 신체 내부를 진동시켜 신체의 감각들과 연결되고, 막혀 있는 에너지를 풀어 주고, 스트레스와 긴장을 낮추는 효과가 있어요.[5] 또한 나의 목소리가 있는 그대로 타인에게 들리고, 수용되고, 인정되며 그것이 타인의 반응으로 돌아오는 경험을 통해 의미 있는 사회적 상호작용도 경험할 수 있지요. 자, 이제 포근히 소리 담요를 둘러볼까요?

1. 편안한 의자와 조명, 주변의 방해를 받지 않는 공간에서 시작해 보세요. 소리의 공명이 잘 이루어지는 공간이면 더 좋겠지요.

2. 편안하게 눕거나 앉아 보세요. 몸에서 불편하게 느껴지는 것이 없도록 편안한 상태에서 두 손은 아랫배 위에 두고 배의 움직임을 점검할 수 있도록 하세요. 코로 숨을 들이마실 때 횡격막이 아래로 내려가고 상복부가 부풀어 오르게 합니다. 입으로 내뱉는 복식호흡(단전호흡)을 시작합니다. 이제 눈을 감아 보세요. 두 박자에 한 번씩 숨을 들이쉬고 다음 두 박자에 내쉬는 것에 집중해 보세요. 여러 번 반복하여 몸의 긴장이 풀어졌다고 느낀다면 기지개를 한번 켜 볼까요? '아 에 이 오 우' 다섯 개의 모음 형태로 숨을 내쉬는 동시에 기지개를 켜세요. 발, 다리, 골반, 복근, 횡격막, 명치, 성대, 턱, 혀, 이, 입천장, 입술 등 신체에서 불편한 느낌이 드는 곳이 있는지 살펴보세요.[6]

3. 토닝(toning)은 자신의 본래 목소리를 활용해 몸의 통증, 긴장과 걱정을 밖으로 내보내고 신체의 균형을 유지시켜 주는 음악치료 기법 중의 하나입니다. 일반적으로 하나의 음을 정해 지속적으로 목소리를 내면서 그 음과 나의 몸이 동일시되는 경험을 하는 것입니다. 먼저, 내가 제일 편하게 느끼는 음역에서 하나의 음을 정해 보세요. 음을 정했으면 입을 다물고 코로만 소리를 내는 허밍(humming)을 내보세요. 선택한 음을 지속해서 내보세요. 소리의 진동을 느끼면서 신체 내부의 에너지를 확인합니다. 이번엔 '아 에 이 오 우' 서로 다른 모음을 이용해 소리를 내 보세요. 서로 다른 모음이 만드는 느낌을 충분히 느껴 보세요. 다음엔 신음 소리를 내보기도 하고 끙끙 앓는 소리, 낮게 탄성을 지르는 소리를 내보세요.

정리하기

1. 여러 가지 목소리 활동 중에서 어떤 부분이 가장 즐거웠나요?

....

....

2. 반대로 불편하게 느껴졌던 부분이 있었나요?

....

....

3. 내 목소리에서 새롭게 발견한 사실이 있나요?

....

....

자신의 목소리에 자신이 없거나 노래를 기능적으로 '잘' 부르지 않아도 괜찮아요. 목소리를 탐색하며 나를 더 발견하고 내 몸 안에 흐르는 생명력을 느끼는 것이 목적이니까요.

♪ 20 노래는 나의 힘

● 활동 목표 ┃ 심리적 안정감, 자기 이해
● 활동 내용 ┃ 즉흥노래를 부르며 지금 여기 나의 감정과 생각에 집중하고
　　　　　　　　 몰입하기
● 준 비 물 ┃ 없음

　　　　영화 〈사운드 오브 뮤직〉을 보셨나요? 1965년에 처음 세상에 나와 지금까지도 사랑을 받고 있는 따뜻한 음악 영화이지요. 여기에 주인공 마리아 선생님이 아이들에게 자신이 좋아하는 물건, 음식들이 무엇인지 물어보는 장면이 나와요. 자신이 좋아하는 것을 잘 알고 있다면 슬플 때, 짜증날 때, 기분이 좋지 않을 때에도 이것들을 기억하며 기분을 좋아지게 할 수 있대요.

　마리아 선생님이 좋아하는 푸른 초원, 장미꽃 위 물방울, 고양이 수염은 멜로디가 붙은 노래가 됩니다. 우리도 마리아 선생님처럼 기존에 작곡되어 있는 노래를 부르던 관습에서 벗어나 지금 현재의 나의 상태와 기분에 집중하여 자유롭고 유연하게 즉흥노래(improvisation)를 해 보면 어떨까요?

제일
좋아하는 것들을
떠올려보세요~.

111

활동하기

1. 오늘, 지금 여기 나의 생각과 느낌에 집중해 보세요.

2. 하고 싶은 말이 있나요? 누구에게 하고 싶은 말인가요? 반복해서 말해 보세요. 강조하고 싶은 부분은 좀 더 큰 목소리로 얘기해 보거나 목소리에 다른 변화를 줘 보세요.

3. 방금 나의 말이 어떤 운율이 있나요? 비슷한 리듬으로 반복해 보세요.

4. 같은 리듬에서 조금 변형된 리듬으로 다른 말을 해 보세요. 더 강조하고 싶은 부분은 길게 발음해 보거나 높은 소리로 발음하면서 마음가는 대로 선율을 붙여 보세요.

5. 즉흥노래나 즉흥연주를 시작하기 전에 스마트폰 녹음 버튼을 눌러 보세요. 녹음 후 다시 들어보고 수정하고 싶은 부분을 고쳐 나가며 작업을 계속해 보세요. 어느새 자신만의 멋진 곡이 만들어져 있을 거예요.

여기서 잠깐!

노래 만들기는 음악치료에서 자주 사용되는 치료방법 중 하나예요. 음악치료사들은 내담자의 연령이나 성향을 고려해 노랫말의 일부를 바꾸는 개사부터, 구체적 또는 추상적 대상에서 영감을 받아 선율과 리듬을 만드는 경음악 작곡, 사전 계획 없이 현재의 순간에 집중하는 즉흥노래까지 다양한 음악 만들기를 합니다. 노래를 만들어 부르는 활동은 나에게 의미 있는 이야기를 나의 목소리로 직접 표현한다는 점에서 치료적 효과가 있어요. 참, 반드시 우리의 목 안의 성대를 통해서 나오는 목소리로 연주되어야 노래라고 할 수 있답니다.

　음악치료에서 치료사와 내담자의 소통은 흔히 아기와 양육자의 상호작용에 비유됩니다. 아기의 모든 비언어적인 신호에 주목하고 반응하는 양육자의 모습을 떠올려 보세요. 옹알이(babbling)를 하는 7~8개월 아기와 대화하는 어른의 목소리와 발음은 평소와 다르게 간결하고 아가의 음성과 닮아 있어요. 이를 모성어(motherese)라고 해요. 아기의 정서를 읽고 이와 비슷한 느낌과 정서로 다시 반응을 해주는 행위를 발달심리학자 스턴(Stern)은 '감정 맞추기(affect attunement)'라고 불렀어요. 음악 작업의 결과물도 중요하지만 내담자들이 노래를 만들고 싶은 요구와 감정에 세심하게 반응해 줄 수 있는 훈련받은 음악치료사의 존재가 필요하고 중요한 이유가 이것입니다. 따라서 즉흥노래에 관심이 생기셨다면 정식 훈련을 받은 전문가와 심화된 활동을 해 보시길 권장합니다.

_____년 _____월 _____일

오늘 나의 즉흥노래에 제목을 붙여 볼까요?

....

어떤 생각과 느낌을 받으셨는지 자유롭게 적어 보세요.

....

녹음한 노래를 다시 들어보셨나요? 생각보다 많은 용기가 필요한 일인데 참 잘하셨어요! 오늘 나의 즉흥노래에는 어떤 느낌이 있나요? 어떤 멜로디와 가사가 있는 노래였나요? 반복되는 음악의 구성과 가사가 있었다면 잠시 거기에 생각을 머물러 보세요. 어떤 생각과 느낌을 받으셨는지 자유롭게 적어 보세요.

....

....

....

....

....

부록

'4. 내 몸의 소리 듣기' 활동 대본

1. 16개 근육으로 나누는 방법

1. 오른팔 아래쪽 2. 왼팔 아래쪽 3. 오른팔 위쪽 4. 왼팔 위쪽

5. 오른쪽 다리 아래쪽 6. 왼쪽 다리 아래쪽 7. 오른쪽 다리 허벅지 근육

8. 왼쪽 다리 허벅지 근육 9. 엉덩이 근육 10. 배 근육 11. 가슴 근육

12. 어깨, 등 근육 13. 목 근육 14. 입 15. 눈 16. 이마

1. **오른팔 아래쪽**: 몸을 편안히 기대어 앉은 상태에서 오른팔의 주먹을 쥐어 보세요. 팔꿈치를 접어 같은 편 어깨로 가져옵니다. 충분히 긴장되는 힘을 느끼셨다면 다시 원래 상태로 팔을 가져옵니다. 충분한 이완의 시간을 갖습니다. 같은 동작을 한 번 더 반복하세요.

2. **왼팔 아래쪽**: 반대편 주먹을 쥐어 봅니다. 그 상태로 팔꿈치를 접어 어깨로 가져옵니다. 충분히 긴장되는 힘을 느끼신 다음 다시 원래 상태로 팔을 되돌려 놓습니다. 이 동작을 한 번 더 반복하세요.

3. **오른팔 위쪽**: 몸통과 나란히 있는 오른팔을 뒤쪽으로 뻗어 봅니다. 충분히 뻗었다면 팔을 다시 원래대로 하고 힘을 풀어 줍니다. 같은 동작을 한 번 더 반복하세요.

4. **왼팔 위쪽**: 반대편 팔을 뒤쪽으로 뻗습니다. 충분히 긴장을 주고 팔을 원래 자리로 되돌려 놓습니다. 한 번 더 반복하세요.

5. **오른쪽 다리 아래쪽**: 오른쪽 발목을 나의 몸 쪽으로 당겨 종아리 쪽을 긴장시킵니다. 3~4초 충분히 긴장을 주고 다시 제자리로 돌아와 이완합니다. 한 번 더 반복하세요.

6. **왼쪽 다리 아래쪽**: 왼쪽 발목을 몸 쪽으로 당겨 종아리 쪽을 긴장시킵니다. 충분히 긴장을 주고 다시 제자리로 돌아옵니다. 한 번 더 반복하세요.

7. **오른쪽 다리 허벅지 근육**: 오른쪽 다리 전체를 허리에 무리가 가지 않는 선에서 들어 올립니다. 무릎, 허벅지 근육이 긴장되도록 유지한 다음 다시 제자리로 돌아옵니다. 한 번 더 반복하세요.

8. **왼쪽 다리 허벅지 근육**: 왼쪽 다리 역시 허리에 무리가 가지 않는 선에서 들어 올립니다. 무릎, 허벅지 근육이 긴장되도록 유지한 다음 다시 제자리로 돌아옵니다. 한 번 더 반복하세요.

9. **엉덩이 근육**: 엉덩이 근육에 힘을 줍니다. 3~4초 힘을 주고 이완합니다. 한 번 더 반복하세요.

10. **배 근육**: 숨을 들이마셔서 배로 보낸다고 생각하고 숨을 참아 복부를

긴장시킵니다. 최대한 긴장한 후 다시 힘을 풉니다. 한 번 더 반복하세요.

11. **가슴 근육**: 가슴 뒤쪽의 어깨뼈를 붙여서 가슴을 앞으로 내민다고 생각하면서 긴장시킵니다. 충분히 긴장을 준 다음 다시 원래 자리로 돌아옵니다. 한 번 더 반복하세요.

12. **어깨, 등 근육**: 이번에는 어깨를 귀 쪽으로 점점 들어 올립니다. 어깨뿐 아니라 등에 긴장을 준다는 느낌을 갖습니다. 다시 원래의 자리로 돌아옵니다. 한 번 더 반복하세요.

13. **목 근육**: 턱을 가슴 쪽으로 최대한 당겨 줍니다. 턱이 가슴에 닿는다는 느낌으로 천천히 숙입니다. 몇 초 유지한 다음 원래의 자리로 돌아옵니다. 한 번 더 반복하세요.

14. **입**: 이를 꽉 물고, 입꼬리를 뒤쪽으로 당깁니다. 몇 초 유지하고 힘을 뺍니다. 한 번 더 반복하세요.

15. **눈**: 두 눈을 꼭 감고, 광대를 위쪽으로 올립니다. 눈 주변에 긴장을 준 후 다시 힘을 뺍니다. 한 번 더 반복하세요.

16. **이마**: 눈썹을 위쪽으로 올려서 이마에 주름을 만듭니다. 몇 초 유지하시고 다시 제자리로 돌아옵니다. 한 번 더 반복하세요.

17. 아직도 긴장이 느껴지는 신체 부위가 있다면 그 부분만 집중해서 긴장과 이완을 반복해 보세요.

18. 충분히 이완했다면 천천히 눈을 뜨세요.

19. 호흡에만 집중하여 서너 번 숨을 마시고 뱉은 후 천천히 몸을 일으키세요.

2. 7개 근육 그룹

> 1. 오른팔 2. 왼팔 3. 얼굴 4. 목 5. 가슴과 어깨
> 6. 오른쪽 다리 7. 왼쪽 다리

1. **오른팔**: 몸을 편안히 기대어 앉은 상태에서 오른팔의 주먹을 쥐어 보세요. 팔꿈치를 접어 같은 편 어깨로 가져옴과 동시에 팔꿈치를 최대한 뒤쪽으로 뻗습니다. 충분히 뻗었다면 팔을 다시 원래대로 하고 힘을 풀어 줍니다. 같은 동작을 한 번 더 반복하세요.

2. **왼팔**: 왼팔의 주먹을 쥐어 보세요. 팔꿈치를 접어 같은 편 어깨로 가져옴과 동시에 팔꿈치를 최대한 뒤쪽으로 뻗습니다. 충분히 뻗었다면 팔을 다시 원래대로 하고 힘을 풀어 줍니다. 한 번 더 반복하세요.

3. **얼굴**: 눈, 입과 이마의 근육을 수축할 때는 얼굴 전체에 힘을 주어 가운데로 모은다는 느낌으로 최대한 긴장을 줍니다. 몇 초 유지하고 이완합니다. 한 번 더 반복하세요.

4. **목**: 턱을 가슴 쪽으로 최대한 당겨 줍니다. 턱이 가슴에 닿는다는 느낌으로 천천히 숙입니다. 몇 초 유지한 다음 원래의 자리로 돌아옵니다. (목 근육)

5. **가슴과 어깨**: 가슴 뒤쪽의 어깨뼈를 붙여서 가슴을 앞으로 내밂과 동시에 어깨를 귀 쪽으로 점점 들어 올립니다. 충분히 긴장을 준 다음 다시 원래의 자리로 돌아옵니다. (어깨, 등 근육)

6. **오른쪽 다리**: 오른쪽 발목을 나의 몸 쪽으로 당겨 종아리 쪽을 긴장시키며 같은 편 다리를 허리에 무리가 가지 않는 선에서 들어 올립니다. 무릎, 허벅지 근육이 긴장되도록 유지한 다음 다시 제자리로 돌아옵니다. 한 번 더 반복하세요.

7. **왼쪽 다리**: 왼쪽 발목을 나의 몸 쪽으로 당겨 종아리 쪽을 긴장시키며 같은 편 다리를 허리에 무리가 가지 않는 선에서 들어 올립니다. 무릎, 허벅지 근육이 긴장되도록 몇 초 유지한 다음 내립니다. 한 번 더 반복하세요.

8. 아직도 긴장이 느껴지는 신체 부위가 있다면 그 부분만 집중해서 긴장과 이완을 반복해 보세요.

9. 충분히 이완했다면 천천히 눈을 뜨세요.

10. 호흡에만 집중하여 서너 번 숨을 들이마시고 뱉은 후 천천히 몸을 일으키세요.

3. 4개 근육 그룹

1. 하지 그룹 2. 배와 가슴
3. 팔, 어깨, 목 4. 얼굴

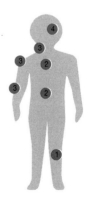

1. **하지 그룹**: 양쪽 엉덩이부터 종아리와 발목까지 전체에 긴장을 줍니다. 몇 초 유지하고 이완합니다.

2. **배와 가슴**: 숨을 들이마셔 잠시 복부를 긴장시키고 동시에 가슴 뒤쪽의 어깨뼈를 붙여서 가슴을 앞으로

슴을 앞으로 내밉니다. 충분히 긴장을 준 다음 다시 원래 자리로 돌아옵니다.

3. **팔, 어깨, 목:** 양쪽 팔의 주먹을 쥐어 팔꿈치를 접어 같은 편 어깨로 가져옴과 동시에 팔꿈치를 최대한 뒤쪽으로 뻗습니다. 가슴 뒤쪽의 어깨뼈를 붙인다는 생각으로 가슴을 앞으로 내밂과 동시에 어깨를 귀쪽으로 점점 들어 올립니다. 이때 턱은 가슴에 닿는다는 느낌으로 천천히 숙입니다. 충분한 긴장을 준 다음 다시 원래의 자리로 돌아옵니다. 한 번 더 반복하세요.

4. **얼굴:** 눈, 입과 이마의 근육을 수축할 때는 얼굴 전체에 힘을 주어 가운데로 모은다는 느낌으로 최대한 긴장을 줍니다. 몇 초 유지하고 이완합니다. 한 번 더 반복하세요.

5. 아직도 긴장이 느껴지는 신체 부위가 있다면 그 부분만 집중해서 긴장과 이완을 반복해 보세요.

6. 충분히 이완했다면 천천히 눈을 뜨세요.

7. 호흡에만 집중하여 서너 번 숨을 들이마시고 뱉은 후 천천히 몸을 일으키세요.

부록 2

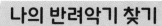

나의 반려악기 찾기

1. 현악기(String instruments)

줄을 퉁기거나 활로 켜서 진동에 의해 소리를 내는 악기, 바이올린,
비올라, 첼로, 더블베이스, 클래식 기타, 어쿠스틱 기타, 하프 등.

예디의 추천 악기 >>>

우쿨렐레(Ukulele):
19세기 포르투갈 이민
자들이 하와이로 전했다고 알려지는
우쿨렐레는 기타의 4분의 1 정도 크
기에 현도 네 줄이며, 가격도 저렴한
편이고 휴대하기 좋은 악기예요. 울
림이 크지 않지만 마치 하와이 해변
에 있는 듯한 기분을 선사하는 청아
한 소리를 가졌어요. 운지법도 기타
에 비해 쉬운 편이라 노래하면서 연
주하기도 좋아요.

기타

우쿨렐레

기타와 우쿨렐레 크기 비교

은디의 추천 악기 >>>

오토(크로마) 하프(Autoharp):
생소한 분들도 계실 거예요. 각
코드를 잡아 주는 버튼을 누르고 현을 튕기
며 선율과 화음을 동시에 연주하는 악기예
요. 36개의 줄을 엮어 8개에서 27개의 화
음을 연주할 수 있답니다.

2. 관악기(Woodwind instruments)

입으로 불어서 소리를 내는 악기로 나무로 만든 관악기(목관악기)인 리코더, 플루트, 클라리넷, 색소폰, 오보에 등과 금속제 관악기(금관악기)인 트럼펫, 트롬본, 호른 등.

은디의 추천 악기 >>>

하모니카: 들숨과 날숨으로 소리를 내는 직사각형의 작은 관악기예요. 화음과 선율을 동시에 연주할 수 있어 독주와 합주 모두 가능해요.

전자 색소폰(saxophone): 색소폰은 끝이 나팔 모양으로 큰 음량에 부드러운 음색을 내는 목관 악기인데요. 나무로 만든 리드로 소리를 내기 때문에 금관이 아닌 목관 악기로 분류됩니다. 클래식에서도, 재즈 연주에서도 모두 사랑받는 악기지요. 전자 색소폰으로 불리는 에어로폰은 색소폰과 신디사이저의 장점을 합친 악기예요. 색소폰의 운지법으로 연주하되 소리의 크기나 음색 등을 조정할 수 있어요. 실제 색소폰보다 관리하기도 쉽고 헤드폰에 연결하면 밤늦은 시간에도 연습할 수 있답니다.

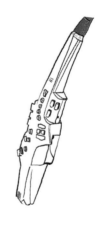

3. 타악기(Percussion instruments)

두드려서 소리를 내는 악기로 나무, 가죽, 금속 따위로 만든다. 음높이를 낼 수 있는(유율 타악기) 팀파니, 실로폰, 마림바, 젬베, 콩가 드럼, 봉고와 음높이가 불분명한 심벌즈, 탬버린 등.

예디의 추천 악기 >>>

스틸 텅 드럼(Steel tongue drum): 윗면에 길쭉한 혀 모양의 절개가 있는 작은 북으로 손가락이나 채로 두드려 연주해요. 음높이가 있고 공명이 크고 신비한 음색을 가지고 있어요.

칼림바(Kalimba): 람멜로폰 (Lamellophone)으로 분류되는 칼림바는 엄지피아노라는 별칭을 가지고 있어요. 울림판에 부착된 작은 금속 막대기들을 엄지손가락으로 튕겨서 연주해요. 넓은 의미에서 건반악기가 아닌 타악기로 분류돼요.

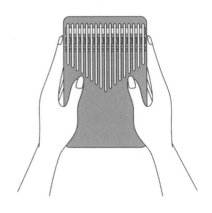

4. 건반악기(Keyboard instruments)

아코디언, 멜로디언, 하프시코드, 오르간, 피아노와 같이 건반을 가진
악기.

예디의 추천 악기 >>>

멜로디언(Melodica): 멜로디언은 작은 키보드 건반에 옆에 있는 구
멍을 통해 바람을 불어넣어 소리를 내는 건반악기예요. 상대적으로 저
렴하고 휴대성이 용이해 한국에선 초등학생들이 사용하는 악기로 알려져 있지만
1960년대 독일에서 처음 사용된 멜로디언은 소프라노, 알토, 테너, 베이스 등 다
양한 음색과 건반 수(13~44개) 덕분에 많은 음악가에게 연주용
악기로 사랑받았습니다. QR코드를 타고 2022년 그래미 음악상
5관왕 수상자, 존 바티스트(Jon Batiste)의 멋진 멜로디언 연주를
들어볼까요? 반려악기로 멜로디언을 선택하고 싶은 마음이 생길
지도 몰라요.

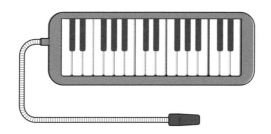

부록 3

방구석 음악여행 선곡표

_____년 ___월 ___일 _____할 때 듣는 음악			
번호	제목	아티스트	설명
1			
2			
3			
4			
5			
6			
7			
8			
9			
10			

번호	제목	아티스트	설명
	_____년 ___월___일 _____할 때 듣는 음악		
1			
2			
3			
4			
5			
6			
7			
8			
9			
10			

번호	제목	아티스트	설명
		_____년 ___월 ___일 _____할 때 듣는 음악	
1			
2			
3			
4			
5			
6			
7			
8			
9			
10			

번호	제목	아티스트	설명
			_____년 ___월____일 _____할 때 듣는 음악
1			
2			
3			
4			
5			
6			
7			
8			
9			
10			

번호	제목	아티스트	설명
			_____년 ____월 ____일 _____할 때 듣는 음악
1			
2			
3			
4			
5			
6			
7			
8			
9			
10			

번호	제목	아티스트	설명
1			
2			
3			
4			
5			
6			
7			
8			
9			
10			

_____년 ____월 ____일 _____할 때 듣는 음악

번호	제목	아티스트	설명
	_____년 ____월 ____일 _____할 때 듣는 음악		
1			
2			
3			
4			
5			
6			
7			
8			
9			
10			

번호	제목	아티스트	설명
1			
2			
3			
4			
5			
6			
7			
8			
9			
10			

_____년 ____월 ____일 _____할 때 듣는 음악

_____년 ____월____일 _____할 때 듣는 음악			
번호	제목	아티스트	설명
1			
2			
3			
4			
5			
6			
7			
8			
9			
10			

인사말

1) Nordoff, P. & Robbins, C. (2007). *Creative music therapy: A guide to fostering clinical musicianship* (2nd ed.). Gilsum, N. H.: Barcelona Pub.

01 듣기

1) 대한재활의학회(2000). **재활의학**. 군자출판사.

2) 켈리 맥고니걸(2012). **왜 나는 항상 결심만 할까?: 게으름과 딴짓을 다스리는 의지력의 모든 것**. (신예경 역), 알키.

3) Bruscia, K. E. (1998). *Defining music therapy*. Gilsum, NH: Barcelona Publishers.

4) 올리버 색스(2012). **뮤지코필리아**. 알마.

5) Emile Coué(2020). **자기암시**. 하늘아래

6) Grocke, D. & Tony Wigram, T. (2011). **음악치료 수용기법: 음악치료 교육 및 임상을 위한 지침서**. (문소영, 이윤진 역). 학지사, p. 74.

02 연주하기

1) 박미향(2016). 낙원상가에서 울려 퍼지는 부활의 노래.

https://www.hani.co.kr/arti/specialsection/esc_section/735342.html

2) Kalat, J. M. (1999). **생물심리학**. (김문수 외 역). 시그마프레스.

3) 후루야 신이치(2016). 피아니스트의 뇌: 뇌과학으로 풀어낸 음악과 인체의 신비. (홍주영 역). 끌레마.

4) 올리버 색스(2008). 뮤지코필리아: 뇌와 음악에 관한 이야기. (장호연 역). 알마.

5) 악기 연주가 우리 뇌에 미치는 영향(테드 강의)(how playing an instrument benefits your brain), 아니타 콜린스(Anita Collins), https://ed.ted.com/lessons/how-playing-an-instrument-benefits-your-brain-anita-collins, https://youtu.be/R0JKCYZ8hng

6) Ryan, R. M., & Deci, E. L. (2000). Intrinsic and Extrinsic Motivations: Classic Definitions and New Directions. *Contemporary Educational Psychology, 25*, 54-67. University of Rochester.

7) Bandura, A. (1994). Self-efficacy. In V. S. Ramachaudran (Ed.), *Encyclopedia of human behavior* (Vol. 4, pp. 71-81). New York: Academic Press. [Reprinted in Friedman, H. (Ed.) (1998). Encyclopedia of mental health. San Diego: Academic Press].

8) 두산백과, https://terms.naver.com/entry.naver?docId=1158802&cid=40942&categoryId=32992

9) 브래태니커 비주얼사전

10) Bruscia, K. (1987). *Improvisational Models of Music Therapy.* Springfield: Charles C. Thomas.

03 경험하기

1) 올리버 색스(2008). 뮤지코필리아: 뇌와 음악에 관한 이야기. (장호연 역). 알마.

2) 올리버 색스(2008). 뮤지코필리아: 뇌와 음악에 관한 이야기. (장호연 역). 알마.

3) Ericsson, K. A. (2016). *Peak: How to Master Almost Anything.* Viking.

4) 춤-곡(춤曲): 춤을 출 때에 맞추어 추도록 연주하는 악곡을 통틀어 이르는 말.

5) 대니얼 J. 레비틴(2009). 호모 무지쿠스: 문명의 사운드트랙을 찾아서. (장호연 옮김). 마티.

04 노래하기

1) Andrea Frisch, A. (1990). Symbol and Structure: Music Therapy for the Adolescent. *Psychiatric Inpatient, Music Therapy, 9*(1), 16-34.

2) Grocke, D., & Wigram, T. (2011). **음악치료 수용기법: 음악치료 교육 및 임상을 위한 지침서**. (문소영, 이윤진 역) 서울: 학지사, pp. 253-285.

3) 채널예스 기사(글ㆍ사진 이즘) https://ch.yes24.com/Article/View/23254.

4) Austin, D. (1999). Vocal improvisation in analytically oriented music therapy with adults. In T. Wigram & J. De Backer (Eds.), *Clinical Applications of Music Therapy in Psychiatry.* Jessica Kingsley Publishers.

5) Austin, D. (2012). **성악심리치료의 이론과 실제: 자기에 대한 노래**. (한국성악심리치료사협회 역). 시그마프레스.

6) Baker, F., & Uhlig, S. (2013). **음악치료에서의 목소리 활용 기법**. (정현주 외 역). 시그마프레스, p. 83.

저자 소개

곽은미(Kwak Eun Mi)

한빛음악심리상담센터 센터장

한빛음악공작소 대표

(사)전국음악치료사협회 이사

미국 미시간 주립대학교 음악치료학과 박사

함예림(Ham Ye Lim)

한빛음악심리상담센터 음악치료사

(사)전국음악치료사협회 음악중재전문가

영국 퀸마가렛대학교 음악치료학과 석사

음악치료사가 안내하는

방구석 음악여행

A Journey With Music In My Room

2022년 6월 20일 1판 1쇄 인쇄
2022년 6월 25일 1판 1쇄 발행

지은이 • 곽은미 · 함예림
펴낸이 • 김진환
펴낸곳 • (주) **학지사**
　　　　　04031 서울특별시 마포구 양화로 15길 20 마인드월드빌딩
대표전화 • 02)330-5114　　　팩스 • 02)324-2345
등록번호 • 제313-2006-000265호

홈페이지 • http://www.hakjisa.co.kr
페이스북 • https://www.facebook.com/hakjisabook

ISBN 978-89-997-2709-2 03180

정가 12,000원

저자와의 협약으로 인지는 생략합니다.
파본은 구입처에서 교환해 드립니다.

이 책을 무단으로 전재하거나 복제할 경우 저작권법에 따라 처벌을 받게 됩니다.

출판 미디어기업 학지사

간호보건의학출판 **학지사메디컬** www.hakjisamd.co.kr
심리검사연구소 **인싸이트** www.inpsyt.co.kr
학술논문서비스 **뉴논문** www.newnonmun.com
교육연수원 **카운피아** www.counpia.com